Gi deg tid til å stoppe og lukte
på blomstene langs veien...

PICTURES AND POEMS FROM NORWAY

NORSKE
Dikt & Bilder

INGE BRULAND

Aune

*J*oin us on a journey.

A voyage through all the colours of the rainbow in an exciting country.
A country with barren mountains, fertile valleys and deep fjords that flow into the endless sea.

Join us on a journey where photographers have captured the interplay of light and landscape,
freezing Nature's drama forever.
Beauty and harmony alternate with drama
and contrast in a thought-provoking way.

Join us on a journey through some of Norway's most famous and best-loved poetry.
The pictures can stand alone, and so can the poems, but together they become stronger.
Listen to the evocative tones of the verses,
and experience the magical moment as words and pictures merge in harmony.

Come along, up to the mountain plateaux. Meet the Sami with their reindeer.
Let us wander down to the fjords. Look at the Nordland boat resting among the summer flowers.
Look at the white beaches and the proud pines.
From close-up, see the dew on the bluebells and the busy life of the ant.

Experience the flames of the Northern Lights across the night sky.
Watch the sunlight dancing in the autumn leaves.
Feel the power of the waterfalls that make human beings feel tiny and humble.

We asked Inge Bruland to accept an exciting challenge:
to take the reader on an adventurous trip through Norwegian nature
with some of our most renowned poets and photographers as travelling companions.

This book is the result of a fascinating search through the treasure trove of
Norwegian poetry and a thrilling hunt through the jewels of Norwegian nature photography.

*J*oin us, and enjoy these superb impressions.

Bli med på en reise.

En ferd gjennom alle regnbuens farger i et spennende land.
Et land med karrige fjell, frodige daler og dype fjorder som munner ut i det uendelige havet.

Bli med på en reise der fotografer har fanget lysets lek med landskapet.
Naturens drama er frosset for evigheten.
Det vakre og harmoniske stilles opp mot det dramatiske
og kontrastfylte i et tankevekkende møte.

Bli med på en reise sammen med noen av Norges mest kjente og kjære dikt.
Bildene kan stå alene, diktene likeså, men sammen virker de sterkere.
Lytt til diktenes lokkende toner, opplev de magiske øyeblikk
der ordene og bildene smelter sammen i harmoni.

Bli med opp på viddene. Møt samene med sine reinflokker.
Bli med ned til fjorden. Se nordlandsbåten hvile mellom sommerens blomster.
Se de hvite strendene og de stolte furuene.
Kjenn på de nære ting; duggen på blåklokkene og maurens travle liv.
Opplev nordlysets flammer over nattehimmelen. Se havørnens ensomme flukt.

Se sollyset som leker i høstløvet. Føl de mektige fossene som gjør menneskene
bittesmå og ydmyke. Nyt de vakre inntrykkene.

Bli med ut av byene til steder der du kan finne stillheten.
Der naturen lever slik den skal, der fuglene flyr fritt og der
havet fører en evig dans med fjæresteinene.

Presten, fotografen og forfatteren Inge Bruland
har sammen med Aune Forlag grepet fatt i en interessant utfordring:
Å ta deg med på en opplevelsesrik ferd gjennom norsk natur
med noen av våre mest kjente diktere og fotografer som reisefølge.

Denne boka er resultatet av et fascinerende dypdykk i norsk lyrikks skattkiste
og en spennende jakt blant norske naturfotografers billedskatter.

Bli med.

Innhold

Vi skal ikkje sova

Vi skal ikkje sova burt sumarnatta,
ho er for ljos til det.
Då skal vi vandra i saman ute,
under dei lauvtunge tre.

Då skal vi vandra i saman ute
der blomar i graset står.
Vi skal ikkje sova burt sumarnatta
som krusar med dogg vårt hår.

Vi skal ikkje sova frå høysåteangen
og grashoppspelet i eng,
men vandra i lag under bleikblåe himlen
til fuglane lyfter veng.

- Og kjenna at vi er i slekt med jorda,
med vinden og kvite sky,
og vita at vi skal vera i saman
like til morgongry.

Aslaug Låstad Lygre

WE WILL NOT SLEEP
We will not waste the summer night in sleep,
Too light the night for that -

Foto: Leif Rustand / Samfoto

Som Ørn svingar

Komen frå løynd stad
der fot ikkje kan klive
og augo ikkje kan sjå.
Or reiret i bratt bergvegg.
Høgare, høgare stig han
og blir ein liten
svart prikk mot det blå.

Kvassøygd leitar han ut
den levande fengdi.
Speiar og svingar
med oversyn ifrå høgdi.
Brått stupande ned
i bratte og brå ringar.
Slår ned på den einaste
rette stad.

Så hoggviss
skal ørn vera !

Jan Magnus Bruheim

AS THE EAGLE CIRCLES
From a hiding place
to which feet cannot climb
and that eyes cannot view.

From the nest on the steep mountain face.
Higher, higher he soars
becomes a tiny
black dot on the blue.

With gimlet eye he seeks out
the living prey.
Circles, observing
all from the sky.
Suddenly swoops
in steep rings swerving.
Slices down on the only
right place.

Like an axe.
The way eagles must be !

Golfstrømmen

Vi og det lange kystlandet
blir til i det vestindiske syklonbeltet,
vannmasser fra to passater
møtes i en enorm livmor,
en gammel maya-, inka-, aztekergud føder oss.
Glidende speiler strømmen
et fløyelsmørke mykere enn råtnende død,
driver inn i Atlanterens
uregelmessige konkylie,
tar opp i seg Cassiopeia, Orion, Dyrekretsen,
danser med dem, lar regn og sne viske dem ut,
har selv i dypet fiskestimenes roterende dyrekrets,

månefisk, solglødende maneter, skyer av plankton.
Møter den skoddegrå, isfjelltunge
Labradorstrømmen sør for Grønland,
svinger over til det europeiske kontinent,
folder seg om det lange kystlandet,
gir oss grønne fjell, fosser og fisk,
ikke tundra og innlandsis,
uten den var Oslo og Tromsø
undervannsbyer i en drøm.
Synger sin blåsvarte kuling inn i oss
som har småstein under tungen,
gir vårt liv en sølvgrå tone som av fiskehud,

glir videre forbi Jan Mayen, Bjørnøya, Svalbard,
munner ut i en konkyliespiss på 8o grader nord,
midtvinters en liten åpen råk.
Langs norskekysten hvisker gudene fra Peru,
Mexico og Yucatan om vårt fjerne slektskap
med soldyrkere, slangebesvergere,
mennesker med ansikter brutale som krigsmasker.
Og svekne indianerfolk og millioner
døde negerslaver muller tungsindig
gjennom vår velferd.

Harald Sverdrup

THE GULF STREAM
We and our long coastland
exist in the West Indian cyclone belt,
water masses from two trade winds
meet in an enormous uterus,
an old Maya, Inca, Aztec god gives birth to us.

Full English translation: p. 164

Høstens Glede

Jeg vil smykke meg med ringer.
Jeg vil bruke pene klær.
Ha et gyllent skjerf til kåpen
når jeg går blant gylne trær.

Jeg vil pynte meg som ospa,
ta min røde kjole på.
Til en rød kasakk er buksen
slik som ospas stamme grå.

Jeg er gla i grønne farger,
men helst høstens symfoni.
Somrens blad er altfor like.
Somren mangler fantasi.

Men om høsten blir det grønne
til en malerisk palett.
Jeg kan stå og se på asken,
på en lønn. Blir aldri trett.

Jeg kan suge i meg farger
som den tørste bare gjør.
Stå forekset ved en bregne:
Sjokoladebrun kulør !

Jeg er gla i gress som gulner.
Ser på myras maleri
som det eneste av kunstart
jeg kan finne undre i.

Skogen gjør meg helt beruset.
Å, -hvor vakker skogen er.
Med en høstlig malerglede
vil jeg velge mine klær.

Dagny Tande Lid

THE JOYS OF AUTUMN
Shades of green appeal to me,
but less than autumn's orchestration.
Summer leaves are like each other,
Summer lacks imagination.

13

Osp

En osp som står og skjelver, sitre-sitre
hele tiden, hele dagen, natten,
sitre-sitre
om det blåser eller ikke blåser.
Silkeløv i tynne tråder, nervefine
sitre-sitre.
Vet den noe. Hvorfor
skjelver ospen ?

Rolf Jacobsen

ASPEN
Does it know something. Why
does the aspen tremble ?

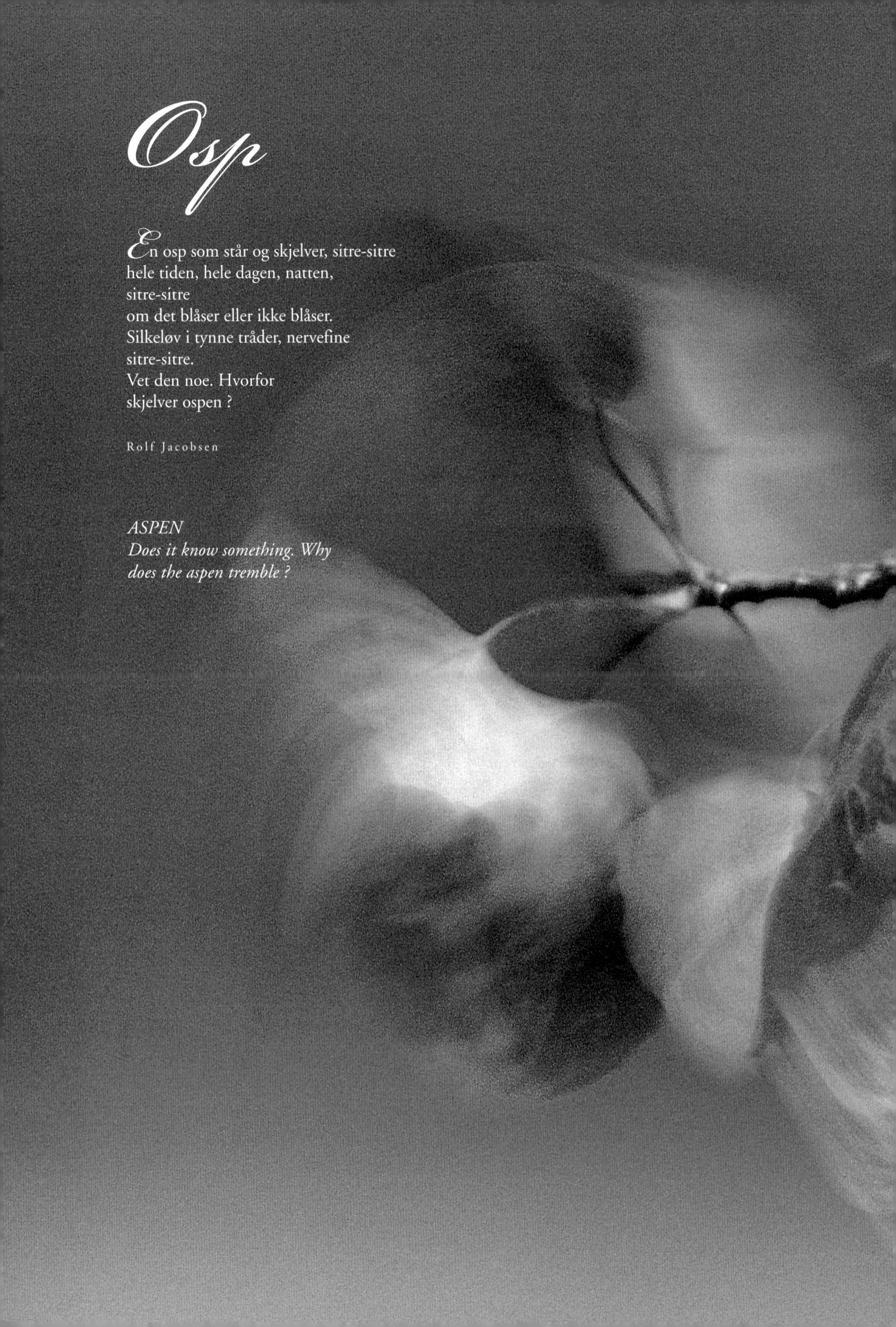

Foto: Jørn Bøhmer-Olsen og Rolf Sørensen / Samfoto

Det er langt mellom Venner

Det er langt mellom venner.
Mellom venner står mange bekjentskaper
og mye snakk.
Venner ligger som små lysende stuer
langt borte i fjellmørket.
Du kan ikke ta feil av dem.

Kolbein Falkeid

FRIENDS ARE FEW
Friends are few and far between.
Between friends there are many acquaintances,
and much chat.
Friends are like small cabins all lit up
far away in the darkness of the mountains.
You cannot mistake them.

Ved Gjetlebekken

Du surlande bekk,
du kurlande bekk,
her ligg du og kosar deg varm og klår.
Og speglar deg rein
og glid over stein,
og sullar så godt
og mullar så smått,
og glitrar i soli med mjuke bår'.
- Å, her vil eg kvile, kvile.

Du tiklande bekk,
du siklande bekk,
her gjeng du så glad i den ljose li.
Men klunk og med klukk,
med song og med sukk,
med sus og med dus
gjennom lauvbygt hus,
med underleg svall og med svæving blid.
- Å, her vil eg drøyme, drøyme.

Arne Garborg

AT THE BROOK
You softswirling brook,
you softpurling brook,
you lie here contented, so warm and clear.
You splash yourself clean:
a sparkling, bright sheen,
and murm'ring, you stream
over rockcrowns that gleam.
In sunlight, your soft,
glowing shimmer brings cheer.
Oh, here let me rest now, rest now !

You mildsplashing brook,
you wildsplashing brook,
through sunbrighten'd slopes,
course your happy way !
Your dim, babbling sounds,
hum click, clack in rounds,
neath higharching leaves,
they their melodies weave,
where long, drowsy shadows
and coolness hold sway.
The air sets me dreaming, dreaming.

Diktet gjengis i sin helhet på s. 163
Full English translation: p. 163

Foto: Torbjørn Moen

Skulle ønske jeg var Ekorn

Den er smekker, den er smidig,
danser i en vårkonsert.
Jumper dristig mellom grenene
og gjemmer seg på ert
for en frier med en gråbrun silkehale.

Knasker kongler i en tretopp,
yr av vårdrøm dag og natt.
Leker lystig mellom blomstene
og flørter i et kratt,
vilt forelsket i en gråbrun silkehale.

Nei, å gifte seg i skogen
måtte være paradis.
Hele natten mumler bekkene
til kjærlighetens pris.
Og en måne skinner salig mellom trærne.

Dagny Tande Lid

WISH I WERE A SQUIRREL
It is slender, it is supple,
dances in a springtime show.
Leaping boldly through the branches,
and hiding just to tease
a suitor with a grey-brown tail of silk.

Blått

*H*vem kan synge så lidenskapelig om jorden
som de blå sjøene i august. Med roser og ild
går avstandene gjennom høsten, blåne på blåne
 - til de blå fjellene står der som bilder
på selve avstanden mellom oss og det evige
Og det er som de sier: Nærhet kan bare beskrives
ved savn, ved det som er langt borte ...Blå
er den lengsel alle horisonter suger til seg

Noen bærer verdens morgen i sitt indre
Andre tilhører en fremtid de ikke kjenner
De fleste av oss står midt i sin egen tid
Men felles for oss alle er den levende sult
som eter oss innenfra, som kaller seg
lidenskap og som til slutt må måle seg
mot avstandenes svimlende dragsug ...Blå
blå, blå er den himmel som favner våre savn

Stein Mehren

BLUE
Who can sing of the earth with the passion
of the blue lakes in August. With roses and fire
the distances go through the autumn, blue on blue
- until the blue mountains stand there like images
of the distance between us and eternity.
And it is as they say: You describe closeness
only by missing it, by that which is far away ... Blue
is the longing that every horizon sucks to itself

Ved Rondane

No ser eg atter slike fjell og dalar
som dei eg i min fyrste ungdom såg,
og same vind den heite panna svalar;
og gullet ligg på snjo som før det låg.
Det er eit barnemål som til meg talar,
og gjer meg tankefull, men endå fjåg.
Med ungdomsminne er den tala blanda:
det strøymer på meg, so eg knapt kan anda.

Og kver ein stein eg som ein kjenning finner,
for slik var den eg flaug ikring som gut.
Som det var kjemper spør eg kven som vinner
av den og denne andre håge nut.
Alt minner meg; det minner, og det minner,
til soli burt i snjoen sloknar ut.
Og inn i siste svevn meg ein gong huggar
dei gamle minne og dei gamle skuggar.

Aasmund Olavsson Vinje

RECOLLECTIONS

These mountains wake in me the self-same feeling
As those where as a boy I used to dwell;
The cool wind as of old is full of healing,
The same light bathes yon snow-crowned citadel.
Like a lost language from my childhood stealing,
It makes me pensive and yet glad as well.
The early memories rise so thick before me
I scarce can breathe as they come flooding o'er me.

Each stone I knew - I find a comrade in it,
For there it was, a boy, I used to play.
And if there was a fight, why, who could win it
Came out more strong for each and every fray.
It all comes back, as minute after minute
The sun behind the snow-crest fades away.
And so at last they cradle me in slumber,
Old shadows and old memories without number.

Diktet gjengis i sin helhet på s. 163
Full English translation: p. 168

Foto: Bård Løken / Samfoto

Løvetannen

Der står en liten løvetann
blant andre løvetenner
i bakken på et åkerland
og blomstrer så den brenner

Den har slått ut sitt gule hår
på toppen av seg selv.
For av en bustet knopp i går
er det blitt blomst i kveld.

Nå er den sterk og stri og vill,
en riktig løvetann,
og strekker kry sin lille ild
mot solens kjempebrann.

Hvor stolt og gladelig den gror !
Men like nedenfor
står en sørgmodig eldre bror
og feller hvite hår.

Slik, venner, farer livet med
all verdens løvetenner.
Først blir de ild, så blir de sne,
og siden gamle menner.

Inger Hagerup

Foto: Øystein Søbye / Samfoto

THE DANDELION
A little dandelion stands
with many of the same
it nestles in the farmer's lands
and bursts with blooms of flame

Free flies its golden hair aglow
a glorious display
From tousled bud a day ago
a flower's born today.

A dandelion strong and spry
'tis now, and proud to raise
its little flame up to the sky
up to the sun's great blaze.

How bold this flower, oh how glad !
But next to it, just there,
stands an older brother sad
and sheds its soft white hair.

Life treats all dandelions so,
throughout the world, my friend.
First they're fire, then they're snow,
And old men at the end.

Møte med en Elg

Elgen hilser meg med langstrakt kongehode
og tilbakeholden mule,
    en smule engelsk i sitt vesen.
Elgen gaper verdig over gylne havreaks
og siler kornet med sin oldingmunn.
Tar aks for aks, som om det var en
    trontale han holdt.
Så tørker han seg lett med ospeløv rundt mulen.

Jeg har valgt meg lyng
    og renser tyttebær med tennene.
Jeg er sosialist og gaper derfor høyt
og smatter frekt og folkelig på røde bær.
Så snyter jeg meg åpenlyst i fingrene.
Elgen spisser ørene: han tror han hørte feil.
Med hovmodig mine ruller han avsted
og er sin egen skogmørke Rolls Royce.

Harald Sverdrup

MEETING WITH A MOOSE
The moose greets me with extended regal head
and aloof muzzle, a trifle English in his manner.
The moose gapes with dignity
    over the golden oat-spikes
and sifts the grain with his old-man's mouth.
Takes it spike by spike, as if speaking formally
    from the throne.
Then he dries his muzzle lightly with aspen leaves.

I have chosen heather for myself and
    clean mountain cranberries with my teeth.
I am a socialist and therefore gape wide
and smack my lips shamelessly and
    democratically over the red berries.
Then I blow my nose openly in my fingers.
The moose pricks up his ears:
    he thinks he has heard incorrectly.
With arrogant mien, he rolls away
and is his own forest-dark Rolls Royce.

Foto: Erlend Haarberg

Kvitveis

Hvorfor blømmer du, blomme ?
Hvorfor brer du ut
din kvite uskyld
over måsa og morken kvist
langt inni øydeheimen ?

Ingen ser deg,
ingen veit at du lever -
bare sommervinden går forbi.
Da nikker du tenksomt,
som om du er enig med deg sjøl.

Og når natta låser dagen ut
gjennom solporten i vest,
lukker du krona
stille
over din kvite hemmelighet.

Å, kunne bare menneskene
tyde ditt tause budskap !
Menneskene som sverger
til freden
med handa på sverdet.

Hans Børli

WHITE ANEMONE
Flower, why do you flower ?
Why do you spread
your white innocence
over moss and rotting twigs
deep within our desolate land ?

No one sees you,
no one knows that you are alive -
only the summer wind walks by.
Then you nod thoughtfully,
as if you agree with yourself.

Full English translation: p. 169

Foto: Guttorm Næss

Neste gang vil jeg være et tre

Neste gang vil jeg være et tre,
stå i en trivelig park eller en lang allé.

Jeg vil ha tunge grener og en svær, dyp rot
så jeg kan drikke av jorden og få et langt livs mot.

Fugler skal bo hos meg. Jeg blir fuglenes hus.
Svaler får bygge rede. Jeg bærer vindenes sus.

Et ekorn får gjerne komme. Jeg kan stå og se
den brune halen som danser fra tre til tre.

Sommeren går. Jeg skifter farve og lød.
Om våren irrende grønn. Om høsten rød.

Når løvet faller står jeg der uten vern,
med naken stamme så de tror jeg er gjort av jern.

Så kommer det sne. Jeg blir hvit eller grå,
men alltid den samme. Der jeg står får jeg stå.

Og så kommer våren. Vinden gir meg sin penn.
Men jeg kan ikke skrive med grønne hender
så det får stå hen.

Kanskje jeg mumler litt. Et dikt, en sang.
Sølvperler når det regner. Stans opp og lytt en gang.

Og så er det høst igjen. Du vasser i løv.
Lukt av karbol og ether. Og av gammelt støv.

Til tiden er inne og det kommer en mann en dag,
med en motorsag.

Så når det er slutt
tar det bare et halvt minutt.

Rolf Jacobsen

NEXT TIME I WANT TO BE A TREE
Next time I want to be a tree,
stand in a burgeoning park or in a long avenue.

Mere Fjell

Av og til
må noe vare lenge,
ellers mister vi vel vettet snart,
så fort som allting snurrer rundt med oss.
Store trær er fint
og riktig gamle hus er fint,
men enda bedre -
fjell.
Som ikke flytter seg en tomme
om hele verden enn forandres
(og det må den snart),
så står de der
og står og står
så du har noe å legge pannen inntil,
og kjøle deg
og holde i noe fast.

Jeg trivs med fjell.
De lager horisonter
med store hugg i,
som de var smidd av smeder.
Tenk på: -Den gamle nupen her har stått
        som nå
helt siden Haralds-tiden.
Den sto her da de spikret en arming
        fast til korset.
Som nå. Som nå.
Med sildrebekker på og lyngkjerr og den store
bratte pannen
uten tanker i. Den sto her
under Belsen og Hiroshima. Den står her nå
som landemerke for din død, din uro,
kanskje dine håp.
Så du kan gå derbort og holde i noe hardt.
Noe gammelt noe. Som stjernene.
Og kjøle pannen din på den,
og tenke tanken ut.
Og tenke selv.

Rolf Jacobsen

MORE MOUNTAINS
Full English translation: p. 165

Foto: Jon Arne Sæter / Samfoto

Sorry

Fossebraket
fosseharpene og fossefiolinene
spilte for oss i tusen år.
Nå blir det langsomt tyst.
- Underlig å gå i fjellet nå.
Et hvitt kondens-rep spennes ut på himmelen.
"Sorry Sir, nå er det stengt for dennegang.
De får pengene igjen ved utgangsdøra."

Rolf Jacobsen

SORRY
The waterfall crescendo
the waterfall harps and waterfall violins
played for us for a thousand years.
Now a hush descends slowly.
- Strange to walk in the mountains now.
A white vapour banner stretches across the sky.
"Sorry Sir, this time round it's closed.
You'll get your money back at the exit."

Så lenge

Så lenge vi har vann, der fisken svømmer
Så lenge vi har land, der reinen går og beiter
Så lenge vi har skoger, der ville dyr kan gjemme seg
er vi trygge på denne jord.

Når heimeplassen er borte og markene rasert
– hvor skal vi da holde til ?

Vårt eget land, vårt levebrød, har skrumpet inn
fjellvann har steget
elver er tørrlagt
bekkene synger med sorg i stemmen
markene svartner, gresset visner
fuglene tier og flyr

Godene vi har fått
rører ikke hjertene våre
Det som skulle gjøre alt så lett
har ingen verdi

Smertefull er vandringen
på harde steinveier
Stille gråter fjellets folk
Men tida iler
blodet tynnes ut
språket klinger ikke lenger
vannet slutter å bruse

Paulus Utsi

AS LONG AS ....
As long as we have water with fish swimming
As long as we have land where reindeer graze
As long as we have forests, where wild beasts can hide
we are safe upon this earth.

When our homes are gone and the wilds are razed
- where will we live then ?

Foto: Aune Forlag / Ole P. Rørvik

Hare

Vinterkamuflert og på parti med sneen
danser haren til en himmelhvit musikk
og setter spor i strid med rødrevens logikk,
en hoppartist med snodig muskelvifte
som åpner seg og lukker seg i flukten.
Rolig setter den seg ned og eter kvist
og ligner en som spiller seljefløyte.
Etterlater seg små brune, kulerunde dikt.

Harald Sverdrup

HARE
Camouflaged for winter and in alliance with the snow
the hare dances to a sky-white music
and makes tracks in conflict with the logic of the red fox,
a jump-artist with a funny muscle-fan
that opens and closes in its flight.
Calmly, it sits down and eats a twig
and looks like someone playing a willow flute.
Leaves behind small, brown, ball-shaped poems.

Steingjerde

Det var steingjerda
som batt verden
saman

strake band frå elva
til fjellet
varme å sitje på
i sommarkvelden

steinane kila inn
mot kvarandre
med uendeleg tolmod:
tid og nevar

slåtteteigane tett inn til gjerdet
fullmogne og klare for ljåen
tykk eng mot stein:
slik fekk vi først sjå
at det er mogeleg
å forandre verden

dei gamle slo kvart einaste strå
og raka vel etter seg

etterpå kvilte dei
studde seg mot steinen
som ryggen til ein gamal ven

ennå er dei der
over steinlinjene i landskapet
hender
usynlege i lufta
som vengeslag
om du vågar nærme deg

dette er slitets steinar
dette er historiens skrift

Paal-Helge Haugen

STONE FENCES
it was the stone fences
that bound the world
together

Full English translation: p. 168

42

43

Hymne til Solnedgangen

Jeg har ikke sett
kunstskattene i Eremitasjen
eller Vinterpalasset i Leningrad,
ikke Louvre-samlingene, ikke
Musée d`Art Moderne i Paris,
men jeg har sett sola gå ned
over Hesteknatten.
I dager med lettskyet vær
henger kveldshimmelen ut
en østerlandsk eventyrprakt:
Ultramarin, sinober, oker og gull,
alle fargene på Guds palett
toner sammen i en overjordisk velklang

vest over disblå, tankefulle skoger.
Det er rart å tenke på at
bakenfor denne overdådige himmelranda
fins bare skrinne furuåser, tjennsputter,
storrblakke myrdrag innover mot
Fjellskogen
der minnene fra min barbeinte barndom
lyser bleikt som skogfioler
langs strendene av Børen sjø.

Å ja, – du drømmer vakkert,
mitt fattige land. Du løfter
jordens mørke, stienes mumlende tungsinn,
blommer og fulglesang - alt
løfter du i lys av legende
opp i himmelen.

Hans Børli

HYMN TO SUNDOWN
Full English translation: p. 164

Eg tenner eit Fyrlys

Eg tenner eit fyrlys for alle som elskar
for dei som ror i ring og aldri finn same rytmen
for dei som berre lyder til signal
frå framande farty
for dei som støytte på grunn i medvind
for dei som styrer etter stive sjøkart
utan å ense måkars mjuke flog
for alle som kjenner dei sju hav
og aldri lodda djupa i sitt eige hjarta

eg tenner eit fyrlys
for all villfaren kjærleik
så vegen til det lova landet
blir synleg i natt

Åse-Marie Nesse

I LIGHT A LANTERN
I light a lantern for all the lovers
for those who row in circles,
never timing their strokes quite right
for those who only hear the signals
of foreign ships
for those who ran aground with the wind behind them
for those who navigate by square sea-maps
not noticing the soft flight of gulls
for those who know the seven seas
yet never plumbed the depths of their own hearts

I light a lantern
for all love gone lost
so the route to the promised land
will shine in the night.

Stavkirker

Jeg tror på de mørke kirkene,
de som ennu står som tjærebål i skogene
og bærer duft med sig som de dyprøde rosene
fra tider som kanskje eide mer kjærlighet.
De sotsvarte tårnene tror jeg på, de som lukter av solbrannen
og gammel røkelse brent inn av seklene.
Laudate pueri Dominum, laudate nomen Domini.

Øksene teljet dem til og sølvklokker klang i dem.
Noen skar drømmer inn og ga dem vinger å vandre med
ut gjennem tider og fjell. De velter som brottsjø omkring dem.
Nu er de skip, med utkikkstønnene vendt mot Ostindia,
Santa Maria, Pinta og Niña da dagene mørknet
mot verdens ende, årelangt fra Andalusia.
Laudate pueri Dominum, laudate nomen Domini.

Angst overalt, selv Columbus er redd nu
der hildringer lokker dem frem og vinden har slangetunger.
Stjernene stirrer urørlige ned med avsindige jernøyne,
alle dager er onde, det er ingen redning mer, men vi
seiler, seiler, seiler.
Laudate pueri Dominum, laudate nomen Domini.

Rolf Jacobsen

STAVE CHURCHES
I believe in the dark churches,
the ones that still stand like tarred pyres in the woods
and like deep red roses carry a fragrance
from times that perhaps had more love.
Those jet-black towers I believe in: the ones that smell of the sun's heat
and old incense burnt in by the centuries.
Laudate pueri Dominum, laudate nomen Domini.

Full English translation: p. 168

De hundrede Fioliner

En vår skal endog det fattigste hjerte eie.
En stjerne skal våke over de mørkeste veie.
En drøm skal senke sig over det usleste leie.

Der venter oss alle bak øde år
en time av nådig smerte.
O, hvad vi hører og ser og forstår
ved cellens ensomme kjerte,
når engelen Sorg over jorden går !

Og engang kommer den hellige natt,
da evighetens sordiner
forvandler den bitreste kval, du har hatt,
til hundrede fioliner.

Arnulf Øverland

THE HUNDRED VIOLINS
A springtime even the poorest heart shall own.
Over the darkest road a star shall watch.
Over the meanest bed a dream shall fall.

After barren years, the hour
of mercy's pain awaits us all
O, what we hear and see and know
by the lonely candle of our cell
when the angel of Grief passes over the earth !

Sometime the holy night will come
when eternity's sordini
change the bitterest pain you've known
into a hundred violins.

Nordmannen

Mellom bakkar og berg ut med havet
heve nordmannen fenge sin heim.
Der han sjølv heve tuftene grave
og sett sjølv sine hus uppå deim.

Han såg ut på dei steinute strender;
det var ingen, som der hadde bygt.
"Lat oss rydja og byggja oss grender,
og so eiga me rudningen trygt."

Han såg ut på det bårute havet;
der var ruskutt å leggja ut på;
men der leikade fisk ned i kavet,
og den leiken den vilde han sjå.

Fram på vinteren stundom han tenkte;
Gjev eg var i eit varmare land !
Men når vårsol i bakkarne blenkte,
fekk han hug til si heimlege strand.

Og når liene grønkar som hagar,
når det laver av blomar på strå,
og når netter er ljose som dagar,
kan han ingenstad venare sjå.

Sud om havet han stundom laut skrida
der var rikdom på benkjer og bord,
men ikring såg han trelldomen kvida,
og so vende han atter mot nord.

Lat no andre om stordomen kivast,
lat dei bragla med rikdom og høgd.
mellom kaksar eg ikkje kan trivast,
mellom jamningar helst er eg nøgd.

Ivar Aasen

*'MONG THE ROCKS BY THE NORTH
SEA'S BLUE WATERS*
'Mong the rocks by the North sea's blue waters
The proud Norseman his homestead has found;
There does he and his sons, and his daughters,
Claim inherited right to the ground.

Full English translation: p. 165

Foto: Aune Forlag / Ole P. Rørvik

Mai måne

Mai måne
går omkring som en inspektør i hvit jakke.

Nu er snart gjestene her.
Er alt på plass ? Dette gobelin
må børstes, grønne tepper overalt
og lys på bordene.

Litt musikk, bare dempet,
– en trost, litt lerke, det er bedre
– og fioliner. Ta opp noen bekker til ?

Rolf Jacobsen

MAY MOON
The May moon
wanders about like an inspector clad in white.

The guests will be here soon.
Is everything in place ? This Gobelin
must be brushed, green carpets everywhere
candles on the tables.

A little music, keep it muted,
– a thrush, undertones of lark, that's better
– and violins. Open up more streams ?

Foto: Stig Tronvold / Samfoto

Fossekall

Fossekallen er isbader.
Står og vipper med kroppen.
En tykkfallen gentleman i smoking
tett ved en råk som mørkner i et v-tegn.
Flyr under vann, klipper seg frem motstrøms
på samme vis som en søster i eventyret,
plukker med seg småfisk, krepsdyr, larver.
Flyr gjennom fossen inn til bergfødte unger
som ingen kan høre og ingen kan se.

Harald Sverdrup

DIPPER
The dipper is an ice bather.
Stands and bobs its body.
A stout gentleman in a dinner jacket
close by an open channel in the ice that darkens into a v-sign.
Flies underwater, cuts his way forward against the current
in the same way as a sister in the fairytale,
gathers in small fry, crustaceans, larvae.
Flies in through the waterfall to rock-born young
that no one can hear and no one can see.

Stabbesteinar

Stundom gjeng vegen
yver ei slette.
Det er ikkje livs fortap
um du ikkje fylgjer han,
men folk gjer det.
Oftast er det bergveggen
på eine sida,
hoggbratte floget på hi,
då lyt du fylgja vegen.
Bergveggen stengjer,
stabbesteinane grin
som ein tanngard:
Hald deg etter vegen !
Kantute stabbesteinar,
minte ut or berget
av trauste arbeidsmenn,
snur kvasse hyrnor
imot deg:
Me kløyver skallen på deg,
du skal ikkje rusa utfor.

Olav H. Hauge

GUARDSTONES
Most often there's a mountain wall
on one side
a precipice on the other,
then you must follow the road.
The mountain wall closes,
the guardstones grin
like a row of teeth:
Keep to the road !

Foto: Torbjørn Moen

August

August er det mykeste myke jeg kjenner,
denne skjelvende streng mellom sommer og høst,
denne dugg av avskjed i mine hender.

Dette hemmelige milde innover jorden,
denne lyende stillhet:
Tal Herre, tal !
Dette lyset som hviler
på modningens høyde,
dveler
og synker mot visningens dal.

Disse kvelder da trær
er som skygger i skyggen.
Denne etterårsfred over sted og forstand.
Jeg har drømt at jeg seilte mot Evigheten,
og en kveld i august var den første
besynderlig duse kjenning av land.

Jeg vet midt i alt det jeg ikke vet:
August er det mykeste myke jeg kjenner,
myk som sorg og som kjærlighet.

Einar Skjæraasen

AUGUST
August is the softest soft I know,
this trembling string between summer and autumn,
this dew of parting in my hands.

This secret mildness in o'er Earth,
this listening stillness:
Speak, Lord, speak !
This light that rests
on the peak of ripeness
lingers
and sinks towards the valley of decay.

Full English translation: p. 164

Foto: Aune Forlag / Ole P. Rørvik

Heimen min er i hjertet mitt

Heimen min er i hjertet mitt
og den flytter med meg

I min heim lever joiken
der høres barnelatter
Bjellene klinger
hundene gjør
lassoen plystrer
I heimen min bølger
koftekantene
samejentenes bellinglegger
varme smil

Heimen min er i hjertet mitt
og den flytter med meg

Du vet det bror
du forstår søster
men hva skal jeg si til de fremmede
som brer seg ut overalt
hva skal jeg svare på spørsmålene
fra dem som kommer fra en annen verden

Hvordan skal man forklare
at man ikke bor noe sted
eller likevel bor
men mellom alle
disse viddene
og at du står i senga mi
doet mitt er bak buskene
sola er lampe
innsjøen vaskefat

Hvordan forklare
at hjertet er min heim
og at det flytter med meg
Hvordan forklare
at andre også bor der
brødre og søstre

Hva skal jeg si bror
hva skal jeg si søster

De kommer
og spør hvor jeg hører heime
De har med seg papirer
og sier
dette tilhører ingen
dette er Statens land
alt er Statens
De leter i tjukke skitne bøker
og sier
det er loven
og den angår også deg

Hva skal jeg si søster
hva skal jeg si bror

Du vet det bror
du forstår søster

Nils-Aslak Valkeapää

MY HOME IS IN MY HEART
My home is in my heart
it migrates with me

The yoik is alive in my home
the happiness of children sounds there
herd-bells ring
dogs bark
the lasso hums
In my home
the fluttering edges of gáktis
the leggings of the Sámi girls
warm smiles

My home is in my heart
it migrates with me

Diktet gjengis i sin helhet på s. 160
Full English translation: p. 165

Foto: Røe Foto

Fjellblokka kallar dei meg óg

Musøyra heiter eg,
fjellmo for sume,
og her i høgfjellet
høyrer eg til,
ei ørliti selje
på berre ein tume
men endå eit tre,
det minste av alle,
segjer Linné.
Kulden er hard her
og vinden strid,
her kan ein kje stå
med kruna vid
og susa som askar
og almar i lid, -
ein lyt gjera seg liten
og krjupa på kne,
det er mykje å vita
at du er til
og at geiter og smale
vil knuspa din ved, -
meg leitar dei etter
mil etter mil,
sogningen
kallar meg smil.

Olav H. Hauge

*"MOUNTAIN STONE" THEY
CALL ME, TOO*
They call me "mouse ear"
or "heath of the crags"
and here in the mountains
is where I belong,
a minuscule willow
of only an inch
yet I am a true tree,
the smallest of all,
says Linnaeus.

Rapport fra grasrota

Jeg er en liten maur.
Det stilnes over stiene
og storkvelden tar til å skumre i skogen.
Alle vettuge gamle skogsmaurer
er forlengst vel i hus
med barnåla si – men jeg
kravler i skymmingen med griperne klare
oppover et svaiende hveingras-strå.
Skulle jo være fint
å komme trekkende heim til tua
med ei stjerne...

Hans Børli

REPORT FROM THE GRASS ROOTS
I am a little ant
A quiet falls upon the paths
and the great evening starts to darken in the woods.
All the sensible old wood-ants
must be home long ago
with their pine needles – but I
crawl in the twilight with my pincers ready
upwards on a swaying blade of bent-grass.
Would have been fine, you know,
to come back home to our anthill
dragging a star...

Foto: Gisle Noel

Nordishav

Kaldt hav, grått,
grånende inn mot Vardø,
grått, tungt stampende inn mot Berlevåg,
grått så langt du ser, brakende mot Makkaur,
grått, flammende av skum om Knivskjelodden,
grått og i horisonten grått og i himmelrummene
grått halvlys, dette uigjennomtrengelige grå stenlys fra ismarkenes evighet.

Grå bølger uavlatelig.
Trette bølger, grå uavlatelig.
Trette, tunge rekker, døde i farven, evig strømmende
som ansiktenes endeløse strøm på jorden.
Ja !
som de stivnede ansikters endeløse strøm på jorden
over Broadway, Rue Sebastopol, Times square, Puerta del Sol,
som de navnløses hærskarer vaklende dig i møte,
strømmende til arbeidsplassene om morgenen, hjem fra arbeidet om kvelden.
Du kan høre deres tramp,
deres torden, hæl på hæl mot sten
uavlatelig.

Rolf Jacobsen

ARCTIC OCEAN
Grey waves unceasing.
Weary waves, grey unceasing.
Weary, heavy rows, death-coloured, endlessly streaming
like the eternal stream of faces on the earth.
Yes !

Diktet gjengis i sin helhet på s. 162

Gamle Grendi

Tidt eg minnest ein gamall gard
med store tre og runnar,
vollar, bakkar og berg og skard
og blomster på grøne grunnar.
Der eg hadde meg so godt eit rom:
hus og mark med både bær og blom,
alt eg nøytte som ein eigedom
med både lut og lunnar.

Der var dalar og lider nog,
der lur og bjøllor klungo;
der var ruster og fager skog,
der tusund fuglar sungo.
Tett med stova stod ei bjørk so breid,
der hadde skjorerna sitt gamle reid,
Staren song i kvar ein topp, som beid,
er erlor i tunet sprungo.

Heime var eg so vida kjend
og slapp inn, kvar eg vilde,
i kvart hus i den heile grend,
um endå folket kvilde.
Der var kjenningar i kvar ei krå,
og når eg ukjende folk fekk sjå,
spurde eg radt, kvar dei var ifrå,
og *dei* var lika milde.

Var det nokon, som der leid vondt
og vardt fyre tap og spilla,
brådt det spurdest um bygdi rundt,
og alle tykte, det var illa.
Ofta minnest eg mi gamle grend,
når eg framand uti verdi stend,
heimlaus, frendelaus og litet kjend,
og likar på leiken illa.

Ivar Aasen

THE PLACE I USED TO LIVE
Often I remember my old home
when, a stranger, through the world I roam
homeless, friendless, hardly even known,
and feeling discontented.

Foto: Inge Bruland

Jonsoknatt

Å, dette er jonsoknatta –
den lyseste natt vi har.
Det kviskrer i alle kratta,
det synger i busk og bar.

Og elgen går svart i auga
og beiter langs gamle spor,
langt inne i huldrehauga,
der skogstjerna snøkvit gror.

Og lommen i tjenna svømmer.
Han skriker sitt ville skrik,
der seven og storra gjømmer
hans reir i ei stille vik.

Og bjørka med neverleggen
står bøyd over sølvblank å.
Ho ser på et bilde av heggen,
der djupt neri kulpen blå.

Og inne frå sommarfjøsa
det klonker i kveldens fred
av bjeller – mens budei´tøsa
går pyntet til dans et sted.

Å, dette er jonsoknatta –
den lyseste natt som er.
Og inne i alle kratta
har noen en annen kjær.

Se, båla med naken flamme
slår blaff i den milde vind.
Og kringom dem danser de samme
som engang var kledd i skinn.

Ja, ungdommens røde hjerter
blir heite av hedensk eld,
når solhvervets gylne kjerter
står tent over skog og fjell.

Vi søker de gamle gleder:
En munn mot en annen munn,
en dans på de kjære steder,
ei tinde, blodheit stund.

Hans Børli

MIDSUMMER NIGHT

Oh, the Midsummer Night is upon us –
the night when all brightness breaks loose.
It whispers in faraway thickets,
it sings in each bush and each spruce.

And the dark-eyed bull moose goes awalking
and grazes along an old trail,
far off by the fairy-girl's hillock,
where the starflower grows snowy-pale.

And the diver swims close to the pond-bank.
He screams out his lunatic cry,
where reeds and tall sedges are hiding
his nest in the silence near by.

And the birch bends its peeling, pale branches
over brightness that glows silver-cool.
She looks at the bird cherry's picture,
deep down in the blue river-pool.

And bells tinkle clear from the cow-barn,
ringing peace through the sweet evening air
– while the milkmaid, dressed up in her finest,
leaves to go dancing somewhere.

Yes, the Midsummer Night is upon us –
the night when the brightness brings bliss.
And every young lad in the bushes
has his own lovely lassie to kiss.

Just see how the breeze makes the bonfire
shoot flames up that flicker and glow.
– Around them there dance the same people
who danced wearing skins long ago.

Yes, the passionate hearts of our young ones
grow hot from the heathenish light,
when the solstice's clear golden candles
shine down on our land through the night.

The old joys are all we are seeking:
a mouth pressed to mouth in desire,
a dance to be danced in dear places,
a moment when blood turns to fire.

Foto: Jan Arve Dale

Fivreld

Vi er som to øre fivreld.
Frå glede til glede flyg vi,
honning or gledeblomar,
– glede-essensen – syg vi.

Vi er som to øre fivreld.
Vårt liv er så lang ein sommar,
jorda så vid ein hage,
og hagen eit hav av blomar !

Halldis Moren Vesaas

BUTTERFLIES
We are like two dizzy butterflies.
We fly from delight to delight,
honey from flowers of happiness
– essence of joy – we sip.

We are like two dizzy butterflies.
Our life is as long as a summer,
the earth is as wide as a garden,
the garden a sea of flowers !

I dag såg eg

I dag såg eg
tvo månar,
ein ny
og ein gamal.
Eg har stor tru på nymånen.
Men det er vel den gamle.

Olav H. Hauge

TODAY I SAW
Today I saw
two moons,
one new,
one old.
I've great faith in the new one.
But it's the old, I suppose.

Foto: Aune Forlag / Ole P. Rorvik

Ugledikt III

Hallo, langt der inne i skogen ?
Er du der, langt der inne i skogen ?
Gjemmer du deg, langt, langt der inne i skogen og ikke
vil komme ut ?
Kom ut da vel, du som gjemmer deg langt,
langt der inne i skogen og ikke vil komme
ut. Jeg vil så gjerne hilse på deg, og bli
kjent med deg, og snakke med deg - og så kan du
hilse på meg, og snakke med meg, og bli
kjent med meg du også.
Jeg syns det er dumt at du gjemmer deg langt der
inne i skogen og ikke kan se meg, og at jeg står
her ute på veien og ikke kan se deg - for hvis vi
ikke kan se hverandre, og snakke med
hverandre, tenker vi kanskje stygge tanker
om hverandre - du tror at jeg er en tyv, og jeg
tror at du er en tyv, og du tror at jeg er
stor og stygg og sterk og vil slå deg, og jeg tror
at du er stor og stygg og sterk og vil
slå meg, og du tenker at jeg spytter på
deg, og jeg tenker at du spytter på meg - og slik
står vi langt, langt fra hverandre og tenker
dumme
stygge
ting om hverandre. Derfor roper jeg på
deg nå, jeg roper så høyt jeg
bare kan: Kom ut av skogen da !
Kom ut og hils på meg da !
... Vil du ikke sier du ?
Tør du ikke sier du ?
Vil du at jeg skal komme inn til deg i stedet ?
Ja, da kommer jeg da.
Nå kommer jeg ...

Arild Nyquist

OWL POEM III

Full English translation: p. 167

Bre

Breen er en hvit rytter som er kommet til oss
ute fra verdensrummet.

Om sommeren svøper han sig i sin hvite
kufte og sover under solen med sin hest.

Om vinteren våkner han op og kjenner sig
igjen. Da rider han ut over landet og
løfter sin flagrende kappe med latter mot
himmelen og legger den lydløst ned over skog
og sva, over fugler, grantopper og mauren
i lyngen.
Da er det de som sover og han som våker.

Rolf Jacobsen

GLACIER
The glacier is a white horseman that has come to us
from outer space.

He wraps his white cloak round him in summer,
he sleeps 'neath the sun, with his horse.

In winter he wakes, remembers
where he is. Then he rides out o'er the land
and laughing, lifts his fluttering cape to
the skies and soundlessly lays it down over forest
and rock, over birds, the crown of the spruce, the ant
in the heather.
Then it is they who sleep and he who stays awake.

Foto: Helge Sunde / Samfoto

Jeg liker uvær

Jeg liker uvær.
  Stritt regn om hausten.

Tunge snøfall ved juleleite.
Det løyser og lindrer
noe frossent og forblåst inni meg.

– ligge i ei slåttebu
når regnet trommer på nevertaket,
og skogen driver inn i gråskodda !
Det er som endelig å få gråte
      fullt og befriende
etter lang barfrost i sinnet.

Eller gli på ski over myrene
en dag i januar,
når snøkorn slår
som kvite gnister gjennom rommet.

Og verda søkker,
søkker i kvitt sus
inn i himmelen –

Da er en først aleine,
heilt og herlig aleine.
En veit at sjøl skisporet
      slettes ut
ettersom en går.

Ja, jeg liker uvær.
Men synet av fugletrekk om hausten
gjør meg tung til sinns.

Jeg har ofte stått på høgda
når tranene dro mot sør
med sol under grå venger.
Da visste jeg sårt
at jeg elsker uværet
fordi det er *grått* –

som glemselen.

Hans Børli

I LIKE BAD WEATHER
I like bad weather.
Hard rain in the autumn.

Heavy snowfall at Christmas time.
It releases and relieves
something frozen and windswept inside me.

Full English translation: p. 164

Då Gud heldt fest i Fjaler

Eg skal ikkje gløyme kvelden, augustikvelden, du veit,
eg lå utmed stranda og pilka den stunda då fisken beit.
I vest stod ei diger kveldsol og lutte mot himmelrand,
men det var ei jordisk kveldsol som skein på ei jordisk strand.

Då var det som alt vart omskapt, eg merka det litt i senn.
Eg var som Johannes på Patmos, Patmos i bibelen.
Former og fargar skifte på strender og firmament,
det som var kjent, vart ukjent, og det som var ukjent, kjent.

Eg såg meg ikring forbina, og vende meg fyrst mot aust,
der tempel imot meg lyste istadenfor gamle naust.
Og høgt over spir og kuplar slo regnbogen opp sin krans
mot veldige, ville snøfjell, lauga i måneglans.

Då såg eg kometen komme, han kom som ein storm frå sør,
og drog over himmelkvelven sitt blodraude ris av glør.
Velsigna, og høgt forbanna han sigla sin kurs mot nord,
til berre ein gyllen avglans låg att over fjell og fjord.

Fargen i sjøen skifte frå blodraud til silkeblå,
og småfisk kring ripa leika med gylte kruner på.
– Botten på femti famnar låg som eit eventyr
med skimt gjenom myrk koralskog av storfisk og fabeldyr.

Fjøra med fuglelivet og skogen i lia der
låg omskapt for augo mine, og kom meg med eitt so nær.
I staden for tjeld og hegre steig ibis og pelikan,
og palmer og seder susa der før det stod bjørk og gran.

Då var det eg høyrde songen frå slippen på Salbu strand,
og ut gjenom stengde portar kom syndarar hand i hand.
Med hammar og tong dei helsa eitkvart som dei såg i sky,
– eg trur at dei såg mot Staden, Jerusalem, Herrens by.

Eg skal ikkje gløyme kvelden, det var ein augustikveld,
Vårherre heldt fest i for folket i Fjaler prestegjeld,
– Bergens Stift, som det heitte, – Ytre Sunnfjord provsti.
Gud unne oss alle nåden når timen vår er forbi.

Jacob Sande

WHEN GOD HELD A CELEBRATION IN FJALER

Translated excerpt: p. 169

Ikkje med det eg seier

Ikkje med det eg seier
eller med det eg gjer,
heller med det som ordlaust
syner deg kven eg er,
ville eg røre varleg,
stilt ved din hjartestreng,
så solstrålar glitrar i morgondoggen
over di blome-eng.

Jan-Magnus Bruheim

NOT BY WHAT I SAY
Not by what I say
or by what I do,
rather by that which wordlessly
shows you who I am,
would I move carefully,
quietly, close to your heartstrings,
as sunbeams glitter in the morning dew
over your flower bed.

Konval

Du ånder din deilige duft
 over bakker og hei,
gjør ren og berusende aftenens luft
 på de elskendes vei !
Ringer til høytid med hvite små klokker,
 ringer og lokker
drømmende vandrer herinn – ,
dynker din duft i hans sinn.

Du er visst en adelig én,
 av familie fin !
Og tør du nu gro mellom urens sten
 i silke og lin ?
Du står her i uren, – så lar du deg plukke
 til henne, den smukke . . .
Så løftes du duftende sunn
opp til min elskedes munn !

Hun setter deg inn i en fold
 mellom silke og tyll
og ditt blad følger med som et palmegrønt skjold
 for selskaps skyld.
Men nu, mens de duftende klokker er friske,
 skulle du hviske,
at dit, hvor hun løftet deg nyss,
dit ville jeg nå med et kyss !

Herman Wildenvey

LILY OF THE VALLEY
Ring in the festival, bells white and pure
 and ringing, you lure
the dreamer to roam in your midst
his soul with your fresh perfume kissed

Den første Frostnatten

*K*an du huske desembers fryd
    barndommens første frostnatt
Månen vokste og vokste
    som var det gått hull på lyset
Og rett ned, tusen stjerner
    dypere, sank jorden...

Kan du huske. Tjernet frøs
    på ett sekund. Is som jern
mot leppene. Splintrende
    natt sprengt inn i vann
Kanskje et nattslått syn
    av verdensrom slo inn i det

Vi sprang over vannene
    på den første isen
i desember ... Kan du huske
    klangen. Hver is-rose
var en skapelsesform
    risset på dødens bruddflate

Stål-is. Fra den stjerne-
    slipte flaten hørte vi
verdensrommet, avgrunnenes
    hule, pansrede klang
av natt som hamret lyset
    ned i beksvart sol-krystall

Vi gled i store sirkler over
    isen ... Og kinnene brant
    som var det sommeren selv
som glødet opp i oss
    Vår ungdom: plutselig fremkalt
i stjernebildet Frost

Stein Mehren

THE FIRST NIGHT OF FROST
We ran o'er the lakes
    on the very first ice
in December ... Do you remember
    the ringing. Each ice-rose
was a shape of Creation
    sketched on the surface of Death

Dompap

Dompap på foringsbrettet !
Et usvikelig sikkert varsel
om meir snø med det første,
men det får ikke hjelpe,
dompapen er min kjæreste fugl
i norsk vinterfauna,
en bevinget hilsen fra sola.
Jeg velsigner sikkefrøene
og henne som strødde dem ut
slik at solfuglen min kom på besøk.
Blir stående lenge ved vinduet og se,
det nedsnødde, livløst kalde landskapet
og så – overrumplende brått –
dette varmt røde fuglebrystet.
Det er som om hele snøvinteren –
dette boreale vanviddet av fykende hvitt –
stanser opp et øyeblikk,
står og varmer sine blodløse spøkelseshender
ved denne bittelille flammen av farge og liv.

Hans Børli

BULLFINCH
Bullfinch on the feeding tray !
A sure and certain warning
of more snow coming soon,
but that can't be helped:
the bullfinch is the bird I love most
in Norway's winter fauna,
a winged greeting from the sun.
I bless the sunflower seeds
and her who strewed them
so that my sun-bird came for a visit.
Stand there long at the window looking:
the snow-covered, cold and lifeless landscape
and then – with unexpected suddenness –
this warm red breast of a bird.
It is as if the whole snowy winter –
this boreal madness of blowing white –
stops still a moment,
stands warming its bloodless, ghostly hands
at this tiny wee flame of colour and life.

Regnbuen

Du spør meg, mitt barn, hva en regnbue er ?
　　Nei, tenk, det er mer enn jeg vet.
De kloke forstår det ? – Det tror vel enhver,
men regnbuen kommer man aldri så nær
　　at man fanger dens hemmelighet.
Ja, vel eg jeg klok som en visdommens bok
og kjenner all verden til fjerneste krok,
men helt uten hell har jeg søkt å få svar
　　på hva regnbuen var.

Å fange dens farver, – det prøvet jeg vel
　　engang før min barndom forsvant.
Jeg satt i en have en regnsommerkveld
og lekte i gresset en lek med meg selv,
　　– det gjør jeg jo ennu iblant. –
All verden var våt under himmelens gråt,
og jeg var kaptein i en smørkassebåt
som seilte omkring på den svømmende jord
　　med all skapning ombord.

Jeg lekte at regnet som druknet min mark,
　　var virkelig syndeflodsregn,
og selv var jeg Noah i Noahs ark;
jeg satt som hin bibelske urpatriark
　　og ventet på himmelens tegn.
Og tegnet, det kom: det var regnbuen som
sprang ut som en rose i vannenes flom
og hvelvet sin veldige solstengel opp
　　over Ararats topp !

Den var solmorgenrød, den var sommernattsblå
　　den var hvit som en lilje så svai.
Hva kunne det være ? Jeg tenkte som så:
Det er vel den sløyfen Vårherre tar på
　　hver gang *himlen* har syttende mai...
Å nei, jeg forstod: det var saktens en bro
som Gud mellom jorden og stjernene slo
og lot den da selvsagt begynne sin vei
　　her i haven hos meg.

Men var den av gull, eller var den av glass
　　eller kanskje av solsilkebånd ?
Og førte den opp i et himmelpalass
hvor Herren, han står på sin syvstjerneplass
　　og øser dens lys med sin hånd ?
Jeg fikk nok et svar hvis jeg bare var snar
og løp og la hånd på den der hvor den var.
Du spør om jeg sprang ? Ja, men luften ble tom
　　i det samme jeg kom !

Den var her ista, – men så løp den sin vei ?
　　Nei, stopp, – den var ennu å se
der rett bortved bekken. Jeg tenkte: å nei,
du narrer nok mange, men slett ikke meg
　　så satte jeg atter avsted
over gress, over grus, i en regnbuerus,
nu skulle jeg fange den, få den i hus !
Det var en vidunderlig sommerkveldslek.
　　Men regnbuen vek ...

Slik gikk det meg da. Og slik går det meg nu
　　på min daglige regnbuejakt.
Den viker som før. Og jeg burde vel snu ?
Nei, vit at det kan hverken jeg eller du
　　når vi først er i skjønnhetens makt.
Jeg må og jeg vil nok forfølge dens ild
så lenge det ennu er regnbuer til;
den leken vil vare til *jeg* ikke ser
　　noen sommerkveld mer.

Hva regnbuen er ? Den er *lengsel* min venn,
　　den er alt som vi ingen gang fikk.
Selv i syndeflodtider står håpet igjen
så lenge et lengselens regnbuespenn
　　kan hvelve seg fjernt for vårt blikk,
det vi søker å nå, men aldri skal få,
ti foran oss skal den bestandig stå
og være vår bro mot den flimrende strand
　　i et fremtidens land –

André Bjerké

THE RAINBOW
Translated excerpt: p.168

Ord over Grind

Du går fram til mi inste grind
og eg går òg fram til di.
Innanfor den er kvar av oss einsam,
og det skal vi alltid bli.

Aldri trenge seg lenger fram,
var lova som galdt oss to.
Anten vi møttest titt eller sjeldan
var møtet tillit og ro.

Står du der ikkje ein dag eg kjem
fell det meg lett å snu
når eg har stått litt og sett mot huset
og tenkt på at der bur du.

Så lenge eg veit du vil kome i blant
som no over knastrande grus
og smile glad når du ser meg stå her,
skal eg ha ein heim i mitt hus.

Halldis Moren Vesaas

WORDS OVER THE GATE
You move toward my innermost gate
and I go toward yours, too.
Inside, each of us is lonely,
and shall always be that way.

Never push yourself too far,
was the law that mattered to us.
Whether we met often or seldom,
the meeting was trust and peace.

If you aren't standing there one day when I come,
it will be easy for me to turn
when I have stood awhile and looked toward your house
and thought about you living there.

As long as I know you will come now and then,
like now, over crunchy gravel
and smile when you see me standing here,
I will have a home in my house.

Foto: Torbjørn Moen

Din Veg

Ingen har varda den vegen
du skal gå
ut i det ukjende,
ut i det blå.

Dette er din veg.
Berre du
skal gå han. Og det er
uråd å snu.

Og ikkje vardar du vegen,
du hell.
Og vinden stryk ut ditt far
i aude fjell.

Olav H. Hauge

YOUR WAY
No one has piled stones
to show you the way;
out in the unknown,
out in the blue.

This is your way.
Only you
shall walk it.
There is no return.

And you too, you don't pile stones
to make a cairn.
And the wind obliterates your track
in bleak mountains.

Foto: Inge Bruland

Under Bergfallet

Du bur under bergfall.
Og du veit det.
Men du sår din åker
og trør trygt ditt tun
og lèt dine born leika
og legg deg
som inkje var.

Det hender,
når du stør deg til ljåen
ein sumarkveld,
at augo sviv som snarast
yver bergsida
der dei segjer
sprekken
skal vera,
og det hender
du vert liggjande vaken
og lyda etter
steinsprang
ei natt.

Og kjem raset,
kjem det ikkje uventa.
Men du tek til å rydja
den grøne boti
under berget
– um du då har livet.

Olav H. Hauge

BENEATH THE CRAG
You live beneath a crag,
knowing you do.
But you sow your acre
and make your roofs fast
and let your children play
and you lie down at night
as if it weren't there.

Full English translation: p. 164

Foto: Inge Bruland

Blåveisskogen

Jeg har drømt om blåveisskogen,
lengtet etter den.
Og nå ser jeg, vill av glede
skogen min igjen.

Jeg kan nesten ikke fatte
at jeg er der nå
og ser mellom alt det visne
skogen blåveisblå.

Det er klynger, tette tuer
ved en morken gren.
Det er knallblå blåveisblomster
ved en mosgrodd sten.

Jeg har satt meg ned på stenen,
hånden tar i jord.
Rundt en blåveis ligger løvet
sølvgrått fra i fjor.

Bjerken står med nakne grener.
Seljen lyser gul.
Sol og vind. En fløytetone
fra en liten fugl.

I april var knallblå blåveis
blant det vakreste jeg så.
Det er himmelen på jorden
å se skogen blå.

Dagny Tande Lid

FOREST OF BLUE ANEMONES
Some of April's finest flowers:
Anemones of azure hue.
It is heaven here on earth
to see the forest blue.

Morgen over Finnmarksvidden

Ved gry, da vi kom på Bæskades,
røk der et uvær opp.
Et piskende, vannrett snekôv
hvinte om fjellets topp.
Tungt støttet vi oss mot stormen,
tvungne at ta en hvil.
Renene våre var trette
etter de dryge mil.

Kinnenes hvite flekker,
fra andre morgeners frost,
sved i en naken smerte,
under den hårde blåst.
Føttene føltes døde,
nevene skrumpet blå.
Da jog en ild gjennem blodet !
Dette var det jeg så:

Lutende ned mot skavlen,
rakt mot det blinde kôv,
stod der en ren og været,
skrapet så med sin klov;-
og slik, med ett, som den hugget
dypt i den frosne grav,
spratt som et lys mot mulen, -
klumper av blågrønn lav.

Nordahl Grieg

MORNING OVER FINNMARKSVIDDEN
We struggled to stand as the storm blew
It forced us to take a rest
Our reindeer were worn and weary
After the endless miles.

Diktet gjengis i sin helhet på s. 161

Rapport frå ei norsk Fjellbygd

Bygda ligg 8-900 meter over havet
"Ingen sjusovar har vore hennar brurgom
    ned gjennom tidene,"
står det i bygdeboka
Framleis plar folk vera tidleg oppe
Fjøsa er fulle av dyr som treng stell
Mange har bygt seg nye og større
    driftsbygningar dei siste åra
Det bur ikkje meir enn 600 menneske her
Men eit samfunnshus vart reist på dugnad
På same måten vart vassverket til etter ein
    tørr sommar
Dei har enno barneskolen
Det sit unge folk på gardane
Dei har bestemt seg for å bli
og investerer i stadig nye tiltak
Dei har gått saman om ei fellesseter
og har broti opp 400 mål til kulturbeite
inne i ei setertrakt 1000 meter over havet
Dei bryt opp tilleggsjord
og nyttar ut ressursane gjennom nye
    driftsmåtar
Frå gammalt av har sløsing vore ei
    dødssynd
Og mismot har vori bannlyst
Som kjent er dette jordbruket subsidiert
Men her er skapt verdiar gjennom
    hundreår
Jorda her kan yte sitt til ei verd med altfor
    lite mat
I visse pressområde treng folk sosialhjelp
    for å kunne bu
Her er romslege hus der unge og gamle
    bur saman
og fåe treng kome på aldersheim
Dei sette seg imot nedlegging av meieriet
Og produksjonen er framleis i gang
Dei har slåst for å behalde samvirkelaget
    som sjølvstendig forretning
Dei har greidd det, enda NKL ville nekte
    dei kredittar
Dei slepp å bli tvinga til "supermarkedet"
    på tettstaden
Dei lo da postmeisteren ville flytte
    posthuset

"til et mer sentralt beliggende sted
for å yte befolkningen mer service"
Men dei snerra òg
Og den lokale postmann fekk den støtte
    han trong
Dei kjenner sine fiendar
under dekknamn som sentralisering og
    samanslutningar
Dei kjenner visse prognosar
Dei har kikka i regionplanen
Lenger nede i dalen blir jernbanestasjonar
    lagde ned
og smågrender avfolka
Dei veit at det meste blir avgjort på fjerne
    kontor
Men dei bit seg fast under fjellet som
    forfedrane gjorde det
Det brummar frå traktorane i den klåre
    vårlufta
Dei bygger som har dei kontrollen over
    si framtid
Og dei som vil tvinge folket vekk frå slike
    bygder
skal møte mange knytte nevar

Arnljot Eggen

*REPORT FROM A NORWEGIAN
    MOUNTAIN VILLAGE
They build as if they control their future
And those who would force people away
    from such villages
will meet many clenched fists*

Tileigning

Til mi barndomsbygd

Nå står eg atter ved ei synleg grense
og dreg opp grenser for det lyse land,
og den lette bør, eg ber i handbagasjen –
og reisepasset er ei skrift i sand.
Eg går på grønt med verdens beste samvit,
men eg blir stansa av ei grensevakt.
Han spør meg: Har du noko å fortolle ?
Eg svarar: Ja, eg kjem frå skattejakt !

Eg har bølgjande kornåkrars gull
frå solmetta seinsommarsletter,
og det vakraste arvesølv
av Nordsjøens fullmånenetter.

Eg har kart over alveland
og Veslemøys vegvisar-kvede,
og ein magisk nøkkel i hand
til løyndekammer av glede.

Eg har *vibå* sin vårmelodi,
denne salme i blå katedralar,
og ein brusande havssymfoni
under himmelhøge portalar.

Eg har finslipte steinar i rad,
i tusentals grå variantar,
men dei lyser ved soleglad
lik perler og diamantar.

Eg har sjeldne herbarium-blad
med firkløver, lyng og kusommar
frå Kleppe-lunden ein stad,
dei er barndommens æve-blomar.

Eg har vindsuset over ei grav,
der søv mine kjære, kjære.
Og alt det gode dei gav
er ennå det næraste nære.

Eg har krossen på Krosshaug til vern
mot mørke og trugande makter,
og med våpen av jernalderjern
passerer eg sikkerhetsvakter !

Og vaktmannen veg mine ord og mitt langferdsskrin,
der alle skattane ligg under lokket og skin.
– Her er overvekt, seier han, og han misunner meg litt.
Det blir sju hundre dikt å betale, og så er vi kvitt.
Eg opnar mi lomme-bok, blar opp ein klingande song:
– Eit avdrag, eit tolldikt, eit takkedikt denne gong.
Med tid og stunder betaler eg heile mi skuld.
Nå reiser eg vidare med mitt usynlege gull.

Åse-Marie Nesse

DEDICATION

*The Krosshaug cross will protect me
from forces threat'ning and dark,
and with weapons of Iron Age iron
I pass the security guards !*

Mitt tre

Eneren, lyngens mor, er mitt tre.
Den trenger ingen sommer, bare regn og sne.

Fillet krone den løfter, ingen har hørt dens sus.
Den har en lang, seig rot som kan gro av grus.

Den bærer vind over skuldrene, skyene i sitt hår.
Den kan stå i stormen. Knelende. Men den står.

Kanskje den har en drøm i sindet: Det hvite ranunkel-bed
der verden slutter og breene kommer ned.

Av alle trær på jorden nærmest den store sne,
breenes blinde sol. Å, var jeg som det.

Rolf Jacobsen

MY TREE
Juniper, heather's mother, is my tree.
No summer – rain and snow are all it needs.

It lifts a ragged crown, no one has heard its rustle.
It has a long, tough root that can grow in gravel.

It wears wind on its shoulders, in its hair the clouds.
It can hold in storms. Kneeling. But it holds.

Perhaps it has a dream in mind: The white crowfoot-bed
where the world stops and the glaciers descend.

Closest of all trees on earth to the great snow,
the glacier's blind sun. Oh, to be one of them.

Ensomhet

Ensomhet, sier du. Det
er greit med litt
ensomhet bare det ikke
blir for mye. Da åpner jeg døren
og roper ut i natten: kom inn
kom inn – her er ensomhet nok
for to ! ja for fire ! Og
på riktig ille dager brøler
jeg: her er ensomhet nok
for et helt orkester !

Arild Nyquist

SOLITUDE
Solitude, you say.
A little solitude is fine,
just as long as it doesn't
get too much. Then I open the door
and cry out into the night: come in
come in – here is solitude enough
for two ! yes, for four ! And
on the really bad days I
roar: here is solitude enough
for a whole orchestra !

Foto: Jan Arve Dale

Skjærgaardsø

Nu glider Baaten
mot Skjærgaardsøen,
en Ø i Havet
med grønne Strande.
Her lever Blomster
for ingens Øine,
de staar saa fremmed
og ser mig lande.

Mit Hjærte blir som
en Fabelhave
med samme Blomster
som Øen eier.
De taler sammen
og hvisker sælsomt,
som Børn de møtes
og ler og neier.

Her var jeg kanske
i Tidens Morgen
som hvit Spiræa
engang at finde.
Jeg kjender Duften
igjen fra fordum,
jeg skjælver midt i
et gammelt Minde.

Mit Øie lukkes,
en fjærn Erindring
har lagt mit Hode
ned til din Skulder.
Saa tætner Natten
ind over Øen
og Havet buldrer
Nirvanas Bulder.

Knut Hamsun

SAILING AMONG THE SKERRIES
Here flowers live unseen
they stand, so foreign
and watch me land.

Foto: Aune Forlag / Ole P. Rørvik

Junikveld

Vi sitter i slørblå junikveld
og svaler oss ute på trammen.
og alt vi ser på har dobbelt liv,
fordi vi sanser det *sammen*.

Se – skogsjøen ligger og skinner rødt
av sunkne solefalls-riker.
Og blankt som en ting av gammelt sølv
er skriket som lommen skriker.

Og heggen ved grinda brenner så stilt
av nykveikte blomsterkvaster.
Nå skjelver de kvitt i et pust av vind,
– det er som om noe haster ...

Å, flytt deg litt nærmere inn til meg
her på kjøkkentrammen !

Den er så svinnende kort den stund
vi mennesker er sammen.

Hans Børli

JUNE EVENING
On the steps in the mist blue evening
we sit in the cool June air.
And all that we see is seen double.
Because it is something we share.

Look – the lake's shining with scarlet
from the land of the sunsetting sky.
And bright as a piece of old silver
is the diver's red-throated cry.

And the bird cherry's burning in silence,
its blossoms alight by the gate.
A breeze makes their white clusters tremble –
as if there is something can't wait ...

Oh, move yourself closer against me
here by the kitchen door !

We are given a short time together,
then given no more.

Dei gamle Fjelli

Dei gamle fjell i syningom
er alltid eins å sjå,
med same gamle bryningom
og same toppom på.
I bygdom byggja sveinarne,
og huset stender laust;
men dei gamle merkesteinarne
dei standa lika traust.

På fjellom er det leikande
å ganga til og frå
og kring um toppen reikande
so vidt um land å sjå:
til havet kring um strenderna
med skip som fuglar små,
og til fjelli kring um grenderna
med tusund bakkar blå.

Der er so mange hendingar
i bygdom komne til;
me sjå so mange vendingar
alt på eit litet bil.
Dei hava snutt um vollarne
og flutt og rudt og bygt;
men dei gode gamle kollarne
dei standa lika trygt.

So stod dei gjenom tiderna
vel mange tusund år;
og graset voks um liderna,
og lauvet kom kvar vår;
og vinden tok um topparne
og vatnet tok um fot;
men dei gilde gamle kropparne
dei toko traust i mot.

Av hav kom sjømann sigande
og lengtad' etter land,
då såg han fjelli stigande
og kjendest ved si strand.
Då kom det mod i gutarne,
som såg sin fødestad.
Ja dei gode gamle nutarne
dei gjera hugen glad.

Ivar Aasen

THE OLD MOUNTAINS

Full English translation: p.167

Foto: Aune Forlag / Ole P. Rørvik

Blåklokke

En blåklokke har lukket himlen inne
i en lydløs klang.
Maria sitter midt i blomsten
på en kalkblå stol og vever litt
medlidenhet med oss.
Hun har et angstfylt verdenssmil,
så redd at lyset rakner snart.

Harald Sverdrup

BLUEBELL
A bluebell has shut the sky up
in a soundless clang.
Mary sits in the middle of the flower
at a powder-blue loom and weaves
a little pity for us.
She has an anxious, world-embracing smile,
so afraid that the light will soon unravel.

Til Jorden (med vennlig hilsen)

Hør her, Jorden, vi har noe å si til deg
– ikke fordi vi misliker oss her, det er et fint
    sted dette,
nok av vann og høyt og luftig under taket,
vi legger korn i jorden og snart suser det
    gyllent over markene,
for nesten alt har vi fått fra deg,
olje og friske hav og varm ull om vinteren
men vi har ingen ro her lenger.
Noe har slått oss ut av kurs
og vi går rundt og er redde hver dag
for alt som kan komme.
Derfor spør vi deg nå: Hva gjør du med
    fjellsidene
og med havet ?
Hvordan greier du alltid å være i balanse
    med deg selv,
alltid i likevekt. Du går i din bane i rommet
uten en feil, ikke en tommes avvik,
lydløs, ensom bak alle lysår i evigheten,
bare med et sakte sus fra havet
og fra vinden gjennom skogene nå og da.
Du skifter sol og vind og våren kommer
    som bestemt.
Alle regnestykker går opp, dine mønstre og
    figurer
er klare som glasskrystaller.
Derfor er det vi kommer til deg og spør
hvordan får du det til.

For nå har vi bodd hos deg så lenge, i lyst
    og i nød,
og fra deg har vi fått hva vi hadde behov
unntatt dette ene – likevekten og
    bestandigheten,
din uforstyrrelige ro.
Ja, du ser selv hvordan det er fatt med oss,
hvordan vi gjør livet om til død overalt vi
    ferdes
– fabrikkene som arbeider dag og natt med
    utslettelsesvåpnene.
Luften som forpestes, havet og skogene som
    dør,
mens millioner av oss lever som dyr, i sult og
    nød.
Slumstrøkene i øst og vest vokser som en
    sykdom.

Foto: Aune Forlag / Ole P. Rørvik

og har alt lagt seg som en skorpe rundt de
    store byene,
du ser det selv og vi kan jo ikke stanse det
uten gjennom strømmer av mord, helveter
    av blod.

Du som leder isfjellene ut i mildere hav
og lar sommer veksle lydløst med høst,
    hver til sin tid,
og som lar våren springe frem som grønne
    fontener efter sneen
– lån oss litt av din balanse, din ro,
som når natt går over i dag og uværet drar
    bort over åsene
må du hjelpe oss og rette opp igjen vårt hus
som snart vil styrte sammen og knuse alle.

Vi tror nok du vil savne oss. Det ville bli
    stille her.
Underlig og tyst når markene gror til
og alle hav er øde.
– Og hva skal du si om natten, til alle
    stjernene
når de kommer og trenger seg omkring deg
med kjølige professorøyne glimtende
bak sine strenge brilleglass:
– nå, hvordan ble det så med vår kuvøse,
vårt prøverørsbarn ?
Gikk det galt med eksperimentet ?

Rolf Jacobsen

TO THE EARTH
– lend us some of your balance, your peace
as when night gives way to day and storms
    retreat over the hills

Vi eier Skogene

Jeg har aldri eid et tre.
 Ingen av mitt folk
har noensinne eid et tre –
skjønt slektens livs-sti slynget seg
over århundrers blå høgder
av skog.

Skog i storm,
skog i stille –
skog, skog, skog,
alle år.

Mitt folk
var alltid et fattig folk.
Alltid.
Barn av livets
harde jernnetter.

Fremmede menn eier trærne,
og jorda,
      steinrøys-jorda
som mine fedre ryddet
i lyset fra månens løkt.

Fremmede menn
med glatte ansikter
og pene hender
og bilen alltid ventende
utafor døra.

Ingen av mitt folk
har noensinne eid et tre.
Likevel eier vi skogene
med blodets røde rett.

Rike mann,
du med bil og bankbok
og aksjer i Borregaard:
du kan kjøpe tusen mål skog
og tusen mål til,
men solefallet kan du ikke kjøpe
og ikke suset av vinden
og ikke gleden ved å gå heimover
når røslyngen blømmer langs stien –
Nei, *vi* eier skogene
slik barnet eier si mor.

Hans Børli

WE OWN THE FORESTS
I have never owned a tree.
None of my people
have ever owned a tree –
though my family's life-path winds
over centuries' blue heights
of forest.

Full English translation: p. 169

Ei naki Grein

Ei naki grein med blodraud bær
og ei som bladrik blømer,
på kvar sin måte fagre er
for den som kjærleg dømer.

Den eine gjev sin ange, ho,
der ljuv ho ligg og blømer.
Den andre gjev sitt hjarteblod,
når lauv for haustvind rømer.

Den eine skin og strålar, ho,
den andre brenn og mognar
og gjev til sist sitt hjarteblod,
der tung av bær ho bognar.

Eg gav deg den med blomar på.
Eg gjev deg den med bæri.
Kven rikast er vil du få sjå
litt lenger fram på ferdi.

Olav Aukrust

A NAKED BRANCH
A naked branch with bloodred berries
and one which leaf-rich blossoms,
each in its own way beautiful
to one with loving eye.

One of them gives its fragrance
where freely it spreads its blossoms.
The other gives its heart-blood,
when leaves flee before fall winds.

One shines and glistens,
the other burns and ripens,
and finally gives its heart-blood,
when heavy with berries it bows.

I gave you the one with blossoms,
I give you the one with berries.
The one which is richest you will find
a little farther ahead on your way.

Foto: Helge Sunde

Grågjess

Grågjess over himmelen, tusen liv
kastet ut i høstens brådype glødende rom
frem frem flyr de med en lyd av skoger og vann...

Å se grågjess fly bort er som å stå
bakoverbundet til stammen på et høyt tre
og kjenne vindene, at de blåner gjennom oss

Eller som å stå foran i baugen på et skip
og der, langt ute på havet, møter vi et hav
som *er* hav, et stort, nytt og ukjent element

Landflyktighetsvinger ! Hjemlengselsfugler !
I urskivens sirkel flyr de, mot selve tiden
Fuglenes uro og vår, en reisende sols villskap

Stadig mørkere drar barndommen gjennom våre år
og mørke drar gjessene av landet om høsten
Og de kommer tilbake med våren. Lysende

Stein Mehren

GREYLAG GEESE
Greylags across the sky, a thousand lives
flung out into the steep, deep glowing space of autumn
onward onward they fly, with a sound of woods and water ...

Over de høye Fjelle

Undrer meg på hva jeg får se
over de høye fjelle ?
Øyet møter nok bare sne.
Rundt omkring står det grønne tre,
ville så gjerne over, –
tro, når det reisen vover ?

Ørnen løfter med sterke slag
over de høye fjelle,
ror i den unge, kraftfulle dag,
metter sitt mot i det ville jag,
senker seg hvor den lyster, –
ser mot de fremmede kyster !

Ut vil jeg ! ut ! – å så langt, langt, langt
over de høye fjelle !
Her er så knugende, tærende trangt,
og mitt mot er så ungt og rankt, –
la det så stigningen friste,
ikke mot murkanten briste !

En gang, jeg vet, vil det rekke frem
over de høye fjelle !
Kanskje du alt har din dør på klem ?
Herre min Gud ! godt er ditt hjem...
la det dog ennå stenges,
og jeg få lov til å lenges !

Bjørnstjerne Bjørnson

OVER THE LOFTY MOUNTAINS
Ever I wonder at what's to see
Over the lofty mountains.
Snow of course on all sides of me,
Pines with their dark green tracery,
Longing to get in motion;
When will they dare the notion ?
Here in these walls I'm bursting.

Diktet gjengis i sin helhet på s. 162
Full English translation: p. 167

Foto: Aune Forlag / Kolbjørn Dekkerhus

Det er den Draumen

Det er den draumen me ber på
at noko vedunderleg skal skje,
at det må skje –
at tidi skal opna seg
at hjarta skal opna seg
at dører skal opna seg
at berget skal opna seg
at kjeldor skal springa –
at draumen skal opna seg,
at me ei morgonstund skal glida inn
på ein våg me ikkje har visst um.

Olav H. Hauge

IT'S THE DREAM
It's the dream we carry
that something wonderful will happen,
that it has to happen –
that time will open,
that the heart will open,
that doors will open,
that the mountain crag will open,
that springs will flow –
that the dream will open,
that one morning we'll glide
into a harbour we didn't know existed.

Har du lyttet til elvene om natta?

Har du lyttet til elvene om natta ?
Da taler de om andre ting.

De sildrer ingen latter over sandgrunnene,
nynner ingen sang om
  brune jentekropper
som sklir uti ved laugeplassen,
eller vide enger med spoveskrik,
eller sundmannen som ser på skyene
  mens han ror.

De taler om andre ting.
Ting som er heimløse i dagene,
ting som er Aldri og ingen ord.

Lytter du lenge til elvene om natta,
lenge,
er det til slutt som om sjelen
gåtefullt minnes sin framtid.

Hans Børli

HAVE YOU LISTENED TO THE RIVERS
IN THE NIGHT ?
Have you listened to the rivers in the night ?
They speak of other things.

They send no laughter trickling over their sand bars,
hum no song about
  girls' brown bodies
that glide outward at the bathing place
or wide meadows with their curlew-cries
or the ferryman who looks at the clouds
  as he rows.

They speak of other things.
Things that are homeless in the day,
things that are Never and without words.

If you listen long to the rivers in the night,
listen long,
it is at last as if your soul
is mysteriously remembering its future.

Det finnes

Det finnes stunder
da alle ord er grå
da sorga er et høstsyn:
et vissent sevblad frøsi fast
i isen på ei å.

Det finnes stunder
da alle ord er små,
da lykka er et vårsyn:
ei solgnist i en dråpe dogg
som siger langs et strå.

Hans Børli

THERE ARE MOMENTS
There are moments
when no words gleam
when sorrow is an autumn vision:
a withered rush blade frozen fast
in ice upon a stream.

There are moments
when small words pass,
when joy is a springtime vision;
a sun spark in a drop of dew
upon a blade of grass.

Handi hans Far

Handi hans far var sliti og hard
og skrukkut som gamalt horn,
ho fekk si bragd paa den magre gard
i træling for kona og born.

Sin svip ho fekk av den tungføre aar
i andror so mang ei stund,
og jamt um natti ho var so saar,
hans augo det fekk inkje blund.

Handi hans far min, eg gløymer kje ho
med fingrane krøkt av mein,
ho ligg og skin i mitt minne no
so fin som ein perlestein.

Tidt naar eg veiknar, og baaten driv av,
eg tykkjer hans trugne hand
enn ror ved sida mot straum og hav
og bergar meg baaten i land.

Anders Hovden

MY FATHER'S HANDS
Hardened and worn were my father's hands
callused as horn by his life,
much they achieved on those meagre lands
as he toiled for children and wife.

Myrulla på Lomtjennmyrene

Skulle jeg, mot formodning,
bli salig
og komme i de saliges boliger,
da skal jeg si til erkeengelen:

– Jeg har sett noe
som var hvitere enn vingene dine, Gabriel !

Jeg har sett myrulla blømme
på Lomtjennmyrene

heime på jorda.

Hans Børli

BOG COTTON ON THE LOMTJENNE BOGS
Should I, against all expectations,
be blessed
and come into the dwellings of the blessed,
then I shall tell the archangel:

"I have seen something
that was whiter than your wings, Gabriel !

I have seen bog cotton bloom
on the Lomtjenne Bogs

back home on earth."

Åleina

Åleina sku ingen færes
i nåkken kveill
når månen gjør kjerk'søll
av fjord og fjeill.

Dein børa sku ingen bære
i slekt et vér:
å eie et stjern'hav
som ingen ser.

Dein åra sku ingen løfte
som berre ror
te møtes med støa
der ingen bor.

Arvid Hanssen

ALONE
Alone no one should wander
when, at eventide,
the moon makes holy silver
of fjord and mountainside.

Barndomsminne frå Nordland

Å eg veit meg eit land
langt der oppe mot nord
med ei lysande strand
millom høgfjell og fjord.
Der eg gjerne er gjest,
der mitt hjarta er fest
med dei finaste band:
Å eg minnest, eg minnest so vel dette land !

Der eit fjell stig mot sky
med si kruna av snø,
og i lauvklednad ny
det seg speglar i sjø.
Og det smiler mot strand
med si bringa i brann
i den solklåre kveld:
Å eg minnest, eg minnest so vel dette fjell !

Og eg lengtar so tidt
dette landet å sjå,
og det dreg meg so blidt,
når eg langt er ifrå.
Med den vaknande vår
vert min saknad so sår,
so mest gråta eg kan:
Å eg minnest, eg minnest so vel dette land !

Elias Blix

OH, I KNOW OF A LAND
Oh, I know of a land,
Far away to the North,
With a silvery strand
'Twixt the mountain and forth,
Where I long to return,
For this country I yearn
With a longing too tender to tell.
I remember,
I remember this country so well !

Diktet gjengis i sin helhet på s. 160
Full English translation: p. 166

Foto: Stig Tronvold / Samfoto

Syn oss Åkeren din

*M*øt ikkje med:
gøyande hund,
hotande hand,
trakk ikkje i rugen !
Men syn oss åkeren din
ei morgonstund !

Olav H. Hauge

SHOW US YOUR FIELDS
Don't meet us with:
barking hound,
threat'ning hand,
don't trample the rye !
but show us your fields
for a while in the morning !

Foto: Birger Areklett / Samfoto

Onga våre

To onger er jeg far til,
to onger er du mor til.
Å hurra på jorda,
det er vårt mesterverk !
Ei blåøid lita jente –
en lystig liten bror til.
Å hurra på jorda,
ei skjorte og en serk !

Vi sto i og vi strevde
og *det* gikk så som så, san.
Men kunde onga rekke
litt lenger enn *vi* rakk,
og kunde det gå be're
for Vesla og for Påsan,
så hurra på jorda
og gu'skjelov og takk !

Einar Skjæraasen

OUR CHILDREN
Two children I have fathered,
two children you have mothered.
O, hurrah upon this earth,
this is our masterpiece !

Til Deg

Tiden går (hva skal den ellers ta seg til).
En dag hører du den banke på døren din.
Den har banket på hos oss,
men jeg lukket ikke opp.
Ikke dennegang.

Vet du,
jeg har ofte stått og sett litt på deg,
sånn om morgenen foran speilet der
når du kjemmer håret ditt, det
knitrer i det, som i sne i påskefjellet
og du bøyer deg litt frem (jeg ser det godt)
– er det kommet en rynke til ?
– Det er det ikke. For meg
er du ung.
Det er sevje i deg, skog. Et tre

og med fugler i. De synger enda.
Kanskje litt lavt i høst, men likevel.
– Ikke en dag uten en latter i strupen,
eller det sakte streifet av en hånd.

En gang
må jeg holde den enda fastere,
for du vet, vi skal ut og reise snart,
og ikke med samme båt.
Noen har banket på døren vår, men gått igjen.
Dette
er visst det eneste vi aldri
har villet snakke om.

Rolf Jacobsen

TO YOU
Time moves along (what else would it be up to).
One day you hear it knocking on your door.
It knocked at our place,
but I didn't open up.
Not this time.

Full English translation: p. 169

Du ska itte trø i Graset

Du ska itte trø i graset.
Spede spira lyt få stå.
Mållaust liv har og e mening
du lyt sjå og tenkje på.
På Guds jord og i hass hage
er du sjøl et lite strå.

Du ska itte røre reiret,
reiret er e lita seng.
Over tynne bån brer erla
ut sin vâre varme veng.
Pipet i den minste strupe
ska bli kvitring over eng.

Du ska itte sette snuru
når du sir et hara-spor.
Du ska sjå deg for og akte
alt som flyg og spring og gror.
Du er sjøl en liten vek en,
du treng *sjøl* en storebror.

Einar Skjæråsen

DO NOT WALK ON THE GRASS
*You must cherish and respect
all that can fly and leap and grow
you yourself are small and frail
a bigger brother you need, too.*

Foto: Jon Østeng Hov

Mot Soleglad

Det stig av hav eit alveland
med tind og mo;
det kviler klårt mot himmelrand
i kveldblå ro.

Eg såg det tidt som sveipt i eim
bak havdis grå;
det er ein huld, ein heilag heim,
me ei kan nå.

Ho søv, den fine tinderad
i draumebann;
men så ei stund ved soleglad
ho kjem i brann.

Når dagen sig som eld og blod
i blåe-myr,
det logar opp med glim og glo
og eventyr.

Det brenn i bre og skjelv og skin
med gullanbragd,
og lufti glør i glans av vin,
sølv og smaragd.

Men av han døyr, den bleike brann,
som slokna glo,
og klårt som før ligg alveland
i kveldblå ro.

Eg lengta tidt på trøytte veg
der ut til fred;
men landet fyrst kan syne seg
når sol gjeng ned.

Arne Garborg

SUNSET JOY
An elfland looms in the sea afar
With plain and crest;
It hovers above the horizon's bar
In dusk-blue rest.

Full English translation: p. 168

Minnene

Ta det med deg !
Det minste av grønt som har hendt deg
kan redde livet ditt en dag
i vinterlandet.

Et strå bare,
et eneste blakt lite strå
fra sommeren i fjor
frosset fast i fonna,
kan hindre skredets
tusen drepende tonn i
å styrte utfor.

Hans Børli

MEMORIES
Take it with you !
The smallest green thing that has happened to you
can save your life some day
in the winter's land.

Just a blade of grass,
a single faded little blade
from last summer
frozen fast in the snowdrift,
can stop the avalanche's
thousand deadly tons
from plunging down.

Anderledeslandet

Det er langt dette Anderledeslandet.
Nordover, nordover uten ende.
Øygarden blåner seg endeløst ut i havet.
Vi stuer oss sammen der det fins jord og
     utkomme,
tettbygd i smale daler.
Men ovenfor dem ruger ensomhetene,
 – Europas Tibét, høyhimlet, tyst
og nesten endeløst, som tankene.

Tiden er vond, hverdagene krever sitt.
Gatetrengsel, blodslit og kummer.
Men vi ble født til dette landet,
avlet av fjell og hav i tidens grålys.
Et strengt, nesten nådeløst hjem.
Ingen mangel på ørefiker veggimellom her.

Høyt opp og dypt ned.
Men det ble da et folk av oss tilslutt.
Båtfolk fra først av, herrer i hundreder av år
over hele Nordatlanteren.
Men tiden løper fort og idag er det meste glemt.
Nå plukker vi gullpenger opp fra havbunnen
og leker at vi er Amerika,
en liten stund.

Storlandet vårt ser vi nå mest gjennom bilruten.
Men ett skal vi legge oss på sinne, nå
da vi snart skal inn i Storeuropa
 – at våre fiender hette stein og snø.

Foto: Aune Forlag / Ole P. Rørvik

Vi har aldri hatt tyranner her som har
    hatt oss i sin hånd.
Aldri høyadel med livegenskap,
og trehest og pisk.
Så vi er ikke så veldresserte som hos naboene.
Knikser ikke så dypt. Har et uryddig sprog.
Det er for lange veier her og litt for bratte
    bakker.
I dette Anderledeslandet
som er vårt eget.

Rolf Jacobsen

CONTRARY COUNTRY
Far it stretches, this Contrary Country.
Northward, northward without end.
Infinite islands that merge with the ocean
    horizon.
We gather in clusters where there is earth
    and a living,
squeezed into narrow valleys.

Dikt gjengitt i sin helhet

BARNDOMSMINNE FRÅ NORDLAND
Elias Blix

Å eg veit meg eit land
langt der oppe mot nord
med ei lysande strand
millom høgfjell og fjord.
Der eg gjerne er gjest,
der mitt hjarta er fest
med dei finaste band:
Å eg minnest, eg minnest so vel dette land !

Der eit fjell stig mot sky
med si kruna av snø,
og i lauvklednad ny
det seg speglar i sjø.
Og det smiler mot strand
med si bringa i brann
i den solklåre kveld:
Å eg minnest, eg minnest so vel dette fjell !

Ja, eg kjenner den stad
der eg stima som gut,
der eg kauka og kvad,
so det svara frå nut,
der eg leika og log
i den lauvkledde skog
millom blomar og blad:
Å eg minnest, eg minnest so vel denne stad !

Og når vinden var spak,
for om fjorden eg rundt,
der eg rodde og rak
som ein fiskande glunt.
Der eg leikande låg
og meg vogga på våg
i den nattsol der nord:
Å eg minnest, eg minnest so vel denne fjord !

Men det dårande hav,
som no drøymer so stilt,
vert ei glupande grav
når det reiser seg vilt.
Snart det lokkar og lær,
snart det over deg slær
og dreg båten i kav:
Å eg minnest, eg minnest so vel dette hav !

I min heim var eg sæl,
av di Gud var attved,
og eg kjende so vel
kor det anda Guds fred,
når til kyrkja me for,
når me heime heldt kor,
og med moder eg bad:
Å eg minnest, eg minnest so vel denne stad !

Denne heim er meg kjær
som den beste på jord.
Han mitt hjarta er nær,
denne fjetrande fjord,
og det målande fjell
og den strålande kveld,

hugen leikar på deim:
Å eg minnest, eg minnest so vel denne heim !

Og eg lengtar so tidt
dette landet å sjå,
og det dreg meg so blidt,
når eg langt er ifrå.
Med den vaknande vår
vert min saknad so sår,
so mest gråta eg kan:
Å eg minnest, eg minnest so vel dette land !

HEIMEN MIN ER I HJERTET MITT
Nils-Aslak Valkeapää

Heimen min er i hjertet mitt
og den flytter med meg

I min heim lever joiken
der høres barnelatter
Bjellene klinger
hundene gjør
lassoen plystrer
I heimen min bølger
koftekantene
samejentenes bellinglegger
varme smil

Heimen min er i hjertet mitt
og den flytter med meg

Du vet det bror
du forstår søster
men hva skal jeg si til de fremmede
som brer seg ut overalt
hva skal jeg svare på spørsmålene
fra dem som kommer fra en annen verden

Hvordan skal man forklare
at man ikke bor noe sted
eller likevel bor
men mellom alle
disse viddene
og at du står i senga mi
doet mitt er bak buskene
sola er lampe
innsjøen vaskefat

Hvordan forklare
at hjertet er min heim
og at det flytter med meg
Hvordan forklare
at andre også bor der
brødre og søstre

Hva skal jeg si bror
hva skal jeg si søster
De kommer
og spør hvor jeg hører heime
De har med seg papirer
og sier
dette tilhører ingen
dette er Statens land

alt er Statens
De leter i tjukke skitne bøker
og sier
det er loven
og den angår også deg

Hva skal jeg si søster
hva skal jeg si bror

Du vet det bror
du forstår søster

Men når de spør hvor heimen din er
sier du da alt dette
På Skuolfedievvá reiste vi telt
under vårflyttinga
I Čáppavuopmi hadde vi gamme
i brunsttida
Sommerplassen var på Ittunjárga
og om vinteren var reinen i Dálvadastraktene

Du vet det søster
du forstår bror

Forfedrene våre har tent bål på Allaorda
på Stuorajeagge-tuene
på Viidesčearro
Bestefar druknet på fiske i fjorden
Bestemor skar sennegress i Šelgesrohtu
Far ble født under Finjubákti i sprengkulda

Og så spør de
hvor du hører heime

De kommer til meg
og viser meg bøkene
Lovbøker
som de sjøl har skrevet
Dette er loven og den angår også deg
Se

Men jeg ser ikke bror
jeg ser ikke søster
jeg sier ingen ting
jeg kan ikke
Viser dem bare viddene

Og jeg ser viddene våre
boplassene
hører hjertet hamre
dette er heimen min
alt dette
og jeg bærer det
i meg
i hjertet

Jeg hører det
når jeg lukker øynene
hører det

Jeg hører
et sted djupt i meg
hører jeg jorda drønne
tusener av klover slå
hører reinflokken jage
eller er det runebomma
og offersteinen
jeg sanser at
inne fra brystet et sted
hvisker det snakker kauker roper
gjenklangen fyller

brystet fra bredd til bredd

Og jeg hører det
sjøl om jeg åpner øynene
hører jeg

Et sted djupt i meg
hører jeg
en stemme kalle
hører blodets joik
Djupt
Fra livets grense
til livets grense

Alt dette er min heim
disse fjordene elvene vannene
frosten solskinnet uværet
Disse viddenes natt og dagside
glede og sorg
søstre og brødre
Alt dette er min heim
og jeg bærer det i hjertet mitt

MORGEN OVER FINNMARKSVIDDEN
Nordahl Grieg

Ved gry, da vi kom på Bæskades,
røk der et uvær opp.
Et piskende, vannrett snekôv
hvinte om fjellets topp.
Tungt støttet vi oss mot stormen,
tvungne at ta en hvil.
Renene våre var trette
etter de dryge mil.

Kinnenes hvite flekker,
fra andre morgeners frost,
sved i en naken smerte,
under den hårde blåst.
Føttene føltes døde,
nevene skrumpet blå.
Da jog en ild gjennem blodet !
Dette var det jeg så:

Lutende ned mot skavlen,
rakt mot det blinde kôv,
stod der en ren og været,
skrapet så med sin klov,-
og slik, med ett, som den hugget
dypt i den frosne grav,
spratt som et lys mot mulen, -
klumper av blågrønn lav.

Å snestorm over Bæskades,
med fyk over fattig grønt,
dette er selve Norge,
frysende armt og skjønt !
En mor som i dødens kulde,
isnende hvit og stiv,
blotter sitt bryst mot barnet,
nærer det hun gav liv !

Men du mitt rotløse hjerte
som jog din ren over fjell,
fra veknende drøm om elskov,
til livets lyst for deg selv -
når har *du* stått som renen,
diet den frosne død ?
Hvor er din rett til landets
hellige savn og nød ?

Og landet stirrer imot meg;
det gråner av stein og sjø -
I havkok gynger et drivgarn.
Blant svaberg glimter en bø.
Blodslit takker for armod.
Stridt blir favnet av stridt.
Så nevn, i storm på Bæskades,
det du har brakt som ditt !

Intet gav jeg; men prøv meg,
krev hva jeg har og kan !
Kall på min ild og ungdom,
vi dem til deg, mitt land !
La meg få gi og elske,
ikke med døde ord,
men livet mitt som en kappe
over din nakne jord !

NORDISHAV Rolf Jacobsen

Kaldt hav, grått,
grånende inn mot Vardø,
grått, tungt stampende inn mot Berlevåg,
grått så langt du ser, brakende mot Makkaur,
grått, flammende av skum om Knivskjelodden,
grått og i horisonten grått og i himmelrummene
grått halvlys, dette uigjennemtrengelige grå stenlys
        fra ismarkenes evighet.

Grå bølger uavlatelig.
Trette bølger, grå uavlatelig.
Trette, tunge rekker, døde i farven, evig strømmende
som ansiktenes endeløse strøm på jorden.
Ja!
som de stivnede ansikters endeløse strøm på jorden
over Broadway, Rue Sebastopol, Times square, Puerta del Sol,
som de navnløses hærskarer vaklende dig i møte,
strømmende til arbeidsplassene om morgenen, hjem fra
        arbeidet om kvelden.
Du kan høre deres tramp,
deres torden, hæl på hæl mot sten
uavlatelig.

Kaldt storhav, grått
strømmende fra ingensteder
og ingensinde og fra isfjellenes glassgater
og neon-sommeren
i purpur og indigo over Place Pigalle, Femte Aveny,
        Kurfürstendamm, Picadilly,
den vanvittiges blomsterdaler.
Tung, kvalt lyd som av vingeslag,
hamrende hjerter, grå
uavlatelig.

Bølgenes trette rekker,
grått storhav, kaldt
flammende mot land, dumpt tordnende
stupende ned mot land, dumpt tordnende
stupende ned mot Vardø, Berlevåg,
tapre geledder, jordgrå, tunge kolonner
jagende mann bak mann mot Kinnarodden
under en eller annen likegyldig general Nordost.
– Nordnordvest
hiver sig ned, løfter sig opp, stuper, krabber fremover,
meies ned, krabber fremover
ved Austerlitz, El Alamein, Verdun, Waterloo,
males ned, skriker, krabber fremover.
Du kan høre deres stønn,
deres brutte rop
i evighet.

Grått hav, stort,
tungt vandrende,
trett, støttende sig på hverandre,
kommer med ungene sine i armene, bører på ryggen,
grått, strømmende inn mot Berlevåg, Makkaur, Porsangeren,
vaklende mot bitre kyster, hamrende
med slitne hender mot stendørene,
ropende trett,
søvnløst,
evindelig.

OVER DE HØYE FJELLE   Bjørnstjerne Bjørnson

Undrer meg på hva jeg får å se
    over de høye fjelle ?
Øyet møter nok bare sne.
Rundt omkring står det grønne tre,
    ville så gjerne over; –
    tro, når det reisen vover ?

Ørnen løfter med sterke slag
    over de høye fjelle,
ror i den unge, kraftfulle dag,
metter sitt mot i det ville jag,
    senker seg hvor den lyster, –
    ser mot de fremmede kyster !

Løvtunge apal, som intet vil
    over de høye fjelle,
spretter når somren stunder til,
venter til neste gang den vil,
    alle dens fugler gynger,
    vet ikke hva de synger ! –

Den som har lengtet i tyve år
    over de høye fjelle, –
den som vet at han ikke når
kjenner seg mindre år for år, –
    hører hva fuglen synger,
    som du så trøstig gynger.

Sladrende fugl, hva ville du her
    over de høye fjelle ?
Rede visst fant du bedre *der*,
videre syn og høyere trær,
    ville du bare bringe
    lengsel, men ingen vinge ?

Skal jeg da aldri, aldri nå
    over de høye fjelle ?
skal denne mur mine tanker slå
sådan med sne-is og redsel stå,
    stengende der til det siste, –
    blive min dødningekiste ?

Ut vil jeg ! ut ! – å så langt, langt, langt
    over de høye fjelle !
Her er så knugende, tærende trangt,
og mitt mot er så ungt og rankt, –
    la det så stigningen friste,
    ikke mot murkanten briste !

En gang, jeg vet, vil det rekke frem
    over de høye fjelle !
Kanskje du alt har din dør på klem ?
Herre min Gud ! godt er ditt hjem…
    og la det dog ennå stenges,
    og jeg få lov til å lenges !

VED GJETLEBEKKEN Arne Garborg

Du surlande bekk,
du kurlande bekk,
her ligg du og kosar deg varm og klår.
Og speglar deg rein
og glid over stein,
og sullar så godt
og mullar så smått,
og glitrar i soli med mjuke bår'.
 - Å, her vil eg kvile, kvile.

Du tiklande bekk,
du siklande bekk,
her gjeng du så glad i den ljose li.
Men klunk og med klukk,
med song og med sukk,
med sus og med dus
gjennom lauvbygt hus,
med underleg svall og med svæving blid.
 - Å, her vil eg drøyme, drøyme.

Du hullande bekk,
du sullande bekk,
her fekk du seng under mosen mjuk.
Her drøymer du kurt
og gløymer deg bort
og kviskrar og kved
i den store fred
med svaling for hugsott og lengting sjuk.
 - Å, her vil eg minnast, minnast.

Du vildrande bekk,
du sildrande bekk,
kva tenkte du alt på din lange veg ?
Gjennom aude rom ?
mellom buske og blom ?
Når i jord du smatt
når du fann deg att ?
Tru nokon du såg så eismal som eg.
 - Å, her vil eg gløyme, gløyme.

Du tislande bekk,
du rislande bekk,
du leikar i lund, du sullar i ro.
Og smiler mot sol
og ler i ditt skjol,
og vandrar så langt
og lærer så mangt ...
å syng kje om det som eg tenkjer no.
 - Å, lat meg få blunde, blunde.

VED RONDANE   Aasmund O. Vinje

No ser eg atter slike fjell og dalar
som dei eg i min fyrste ungdom såg,
og same vind den heite panna svalar;
og gullet ligg på snjo som før det låg.
Det er eit barnemål som til meg talar,
og gjer meg tankefull, men endå fjåg.
Med ungdomsminne er den tala blanda:
det strøymer på meg, so eg knapt kan anda.

Ja, livet strøymer på meg som det strøymde,
når under snjo eg såg det grøne strå.
Eg drøymer no som før eg alltid drøymde,
når slike fjell eg såg i lufti blå.
Eg gløymer dagsens strid som før eg gløymde,
når eg mot kveld av sol eit glimt fekk sjå.
Eg finner vel eit hus som vil meg hysa,
når soli heim til natti vil meg lysa.

Alt er som før, men det er meir forklåra,
so dagsens ljos meg synest meire bjart,
og det som beit og skar meg so det såra,
det gjerer sjølve skuggen mindre svart;
sjølv det som til å synda tidt meg dåra,
sjølv det gjer harde fjellet mindre hardt.
Forsona koma atter gamle tankar:
det same hjarta er som eldre bankar.

Og kver ein stein eg som ein kjenning finner,
for slik var den eg flaug ikring som gut.
Som det var kjemper spør eg kven som vinner
av den og denne andre håge nut.
Alt minner meg; det minner, og det minner,
til soli burt i snjoen sloknar ut.
Og inn i siste svevn meg ein gong huggar
dei gamle minne og dei gamle skuggar.

AT THE BROOK by Arne Garborg

You softswirling brook,
you softpurling brook
you lie here contented, so warm and clear.
You splash yourself clean:
a sparkling, bright sheen,
and murm'ring you stream
over rockcrowns that gleam.
In sunlight, your soft, glowing shimmer brings cheer.
Oh, here let me rest now, rest now!

You mildsplashing brook,
you wildsplashing brook,
through sunbrighten'd slopes, course your happy way !
Your dim, babbling sounds,
hum click, clack in rounds,
neath higharching leaves,
they their melodies weave,
where long, drowsy shadows and coolness hold sway.
The air sets me dreaming, dreaming.

You shimmering brook,
you glimmering brook,
snug in your bed neath the mossbanks, you sing.
As daydreams fleet by,
and musing you sigh,
your whisp'rings increase
in this vast utter peace,
a balm for all heartache, oh, soothe this yearning !
It's here I'll remember, remember.

Oh, quickening brook,
oh, flickering brook,
what thoughts on your way do you thus intone,
as through open space
through bright fields you race,
lost in deep terrain,
to appear again ?
Have ever you seen one as I, so alone ?
Ah, here I'll forget now, forget now.

You lighttripping brook,
you brighttripping brook,
you dawdle and play in the grove on your way.
And smile t'wards the sun,
and chirp as you run,
and laugh in the shade,
as you dart through the glade.
No song sing of me,
my poor thoughts to betray !
Oh, let me now slumber, slumber !

AUGUST by Einar Skjæraasen

August is the softest soft I know,
this trembling string between summer and autumn,
this dew of parting in my hands.

This secret mildness in o'er Earth,
this listening stillness:
Speak, Lord, speak !
This light that rests
on the peak of ripeness
lingers
and sinks towards the valley of decay.

These evenings when trees
are like shadows in the shade.

This late-year peace over place and understanding.
I have dreamt that I sailed towards Eternity,
and an eve in August was the first
strangely subtle glimpse of land.

I know, 'mid everyting I do not know:
August is the softest soft I know,
soft as sorrow, soft as love.

BENEATH THE CRAG by Olav H. Hauge

You live beneath a crag,
knowing you do.
But you sow your acre
and make your roofs fast
and let your children play
and you lie down at night
as if it weren't there.

One summer evening
perhaps
as you lean on your scythe
your eye will alight
a moment on the crag
where they say
the crack
will come,
and perhaps
you'll lie awake
listening for
a rock-fall
one night.

And when the fall comes
it will not be a surprise.
But you set to and clear
the green patch
under the crag
- as life allows.

THE GULF STREAM by Harald Sverdrup

We and our long coastland
exist in the West Indian cyclone belt,
water masses from two trade winds
meet in an enormous uterus,
an old Maya, Inca, Aztec god gives birth to us.
Drifting, the stream mirrors
a velvet darkness softer than rotting death,
floats into the Atlantic's
irregular conch shell,
takes up in itself Cassiopeia, Orian, the Zodiac,
dances with them, lets rain and snow rub them out,
has itself in its depths the fish shoals' revolving zodiac,

moonfish, sun-glowing jellyfish, clouds of plankton.
Meets the mist-gray, iceberg-heavy
Labrador Current south of Greenland,
swings over to the European continent,
folds itself about our long coastland,
gives us green mountains, waterfalls and fish,
not tundra and icecap,
without it, Oslo and Tromsø
would be underwater cities in a dream.
Sings its strong blue-back wind into us
who have a pebble under our tongue,
gives our life a silver-gray tone as of fish skin,
drifts on past Jan Mayen, Bear Island, Svalbard,
ends in a conch-shell tip at 80 degrees north,
in midwinter a little open channel in the ice.
Along the Norwegian coast the gods from Peru, Mexico
and Yucatan whisper about our distant kinship
with sun-worshippers, snake-cultists,
people with faces brutal as battle-masks.
And betrayed Indian nations and millions
of dead negro slaves mumble sadly
through our well-being.

HYMN TO SUNDOWN by Hans Børli

I haven't seen
the art treasures of the Hermitage
or the Winter Palace in Leningrad,
nor the Louvre's collections, nor
the Musee d'Art Moderne in Paris,
but I have seen the sun go down
over Hesteknatten Hill.
On days with a light overcast
the evening sky hangs out
the splendour of an oriental fairytale:
Ultramarine, cinnabar, ochre and gold,
all the colours on God's palette
sound together in a celestial harmony
westwards over mist-blue, pensive forests.
It is strange to think that
behind this sumptuous skyline
are only rough pine ridges, puddle-size lakes,
sedge-pale marshes stretching in towards
Fjellskogen Forest
where the memories from my barefoot childhood
glow pale as woodland violets
along the shores of Børen Lake.

Oh yes – you dream beautifully,
my poor land. You lift
the earth's darkness, the paths' mumbling sadness,
flowers and birdsong –
you lift it all in light of legend
up into the sky.

I LIKE BAD WEATHER by Hans Børli

I like bad weather.
Hard rain in the autumn.
Heavy snowfall at Christmas time.
It releases and relieves
something frozen and windswept inside me.

– lying in a hay-barn
when the rain drums on the birch bark roof,
and the forest drifts in the grey mist !
It is like crying at last
    fully and freeingly
after a long frost in the bare soil of the mind.

Or gliding on skiis over the boglands
on a January day,
when the snowflakes pour
like white sparks through space.

And the world sinks,
sinks with white whispers
into the sky –

Then you are alone for the first time,
completely and gloriously alone.
You know that even your ski-tracks
   are wiped away
after you go.

Yes, I like bad weather.
But the sight of bird flights in the autumn
makes me heavy in my mind.

I have often stood on the high ground
when the cranes headed south
with the sun beneath their grey wings.
Then i knew sadly
that I love the bad weather
because it is *grey* -

like forgetfulness.

'MONG THE ROCKS BY THE NORTH SEA'S BLUE WATERS by Ivar Aasen

'Mong the rocks by the North sea's blue waters
The proud Norseman his homestead has found;
There does he and his sons, and his daughters,
Claim inherited right to the ground.
To be up and to do, is his glory;
And he has to be sturdy and strong;
"But 'tis pleasure to hear the old story,
Of the deeds that are treasured in song."

More than once does he think, in the winter:
"Would I lived in some sunnier land !"
But when spring sun on hill-top does glitter,
His heart warms to his own native strand.

When each nook has its shade of green bowers,
And the nights are as bright as the days;
When the fields are all fragrant with flowers,
Then he knows of no lovelier place.

MORE MOUNTAINS by Rolf Jacobsen

Here and there
something must endure,
or soon we'll surely lose our wits,
we've got everything whirling around so fast.
Large trees are fine
and really old houses are fine,
but even better -
mountains.
Which won't budge an inch
even if the whold world is changed
(as it soon must be);
they'll stand there
and stand and stand
so you can lay your forehead against something,
and cool yourself
and hold onto something solid.

I'm content in the mountains.
They make horizons

with big notches,
as if they were forges by smiths.
Think of it: - That old round-top has stood as it stands now
all the time since King Harald's day.
It stood here when they nailed a poor wretch to the cross.
As it stands now. As it stands now.
Wearing trickling streams and heather scrub and that large
steep brow
without any thoughts in it. It stood here
through Belsen and Hiroshima. It stands here now
as a landmark for your death, your unease,
perhaps your hopes.
So you can go over there and hold onto somehting hard.
Some old something. Like the stars.
And cool your forehead on it,
and think your thoughts through.
And think for yourself.

MY HOME IS IN MY HEART by Nils-Aslak Valkeapää

My home is in my heart
it migrates with me

The yoik is alive in my home
the happiness of children sounds there
herd-bells ring
dogs bark
the lasso hums
In my home
the fluttering edges of gáktis
the leggings of the Sámi girls
warm smiles
My home is in my heart
it migrates with me

You know it brother
you understand sister
but what do I say to strangers
who spread out everywhere
how shall I answer their questions
that come from a different world

How can I explain
that I can not live in just one place
and still live
when I live
among all these tundras
You are standing in my bed
my privy is behind the bushes
the sun is my lamp
the lake my wash bowl

How can I explain
that my heart is my home
that it moves with me
How can I explain
that others live there too
my brothers and sisters

What shall I say brother
what shall I say sister

They come
and ask where is your home
they come with papers
and say
this belongs to nobody
this is government land
everything belongs to the State
They bring out dingy fat books
and say

this is the law
it applies to you too

What shall I say sister
what shall I say brother

You know brother
you understand sister

But when they ask where is your home
do you answer them all this
On Skuolfedievva we pitched our lávvu
during the spring migration
Čáppavuopmi is where we built our goahti during rut
Our summer camp is at Ittunjárga
and during the winter our reindeer are in Dálvadas

You know it sister
you understand brother

Our ancestors kept fires on Allaorda
on Stuorajeaggis´ tufts
on Viiddesčearru
Grandfather drowned in the fjord while fishing
Grandmother cut her shoe grass in Šelgesrohtu
Father was born in Finjubákti in burning cold

And still they ask
where is your home
They come to me
and show books
Law books
that they have written themselves
This is the law and it applies to you too
See here

But I do not see brother
I do not see sister
I cannot
I say nothing
I only show them the tundra

I see our fjelds
the places we live
and hear my heart beat
all this is my home
and I carry it
within me
in my heart

I can hear it
when I close my eyes
I can hear it
I hear somewhere
deep within me
I hear the ground thunder
from thousands of hooves
I hear the reindeer herd running
or is it the noaidi drum
and the sacrificial stone
I discover
somewhere within me
I hear sound whisper shout call
with the thunder still echoing
from rib to rib

And I can hear it
even when I open my eyes
I hear it
Somewhere deep within me
I can hear it

a voice calling
and the blood´s yoik I hear
In the depths
from the dawn of life
to the dusk of life

All of this is my home
these fjords rivers lakes
the cold the sunlight the storms
The night and day of the fjelds
happiness and sorrow
sisters and brothers
All of this is my home
and I carry it in my heart

OH, I KNOW OF A LAND by Elias Blix

Oh, I know of a land,
Far away to the North,
With a silvery strand
'Twixt the mountain and forth,
Where I long to return,
For this country I yearn
With a longing too tender to tell.
I remember, I remember this country so well.

Where a mountain, snow-deck'd,
Rises up to the cloud,
And the waters reflect
All its green leafy shroud;
And its top is ablaze
In the sun's golden rays
On a still summer evening so clear.
I remember, I remember this mountain so dear.

See the blue fickle wave,
Now asleep like a child,
When arous'd it can rave
And be angry and wild.
Now it beckons and smiles
Now in one of its wiles
Whirls your boat on the storm-fetter'd swell
I remember, I remember that ocean so well.

There was peace where we dwelt,
For we dwelt with the Lord,
And each minute I felt
That his peace was abroad.
In our church Him we praised
Or at home voices raised
Where with mother we lisp'd silent prayers.
I remember, I remember those sweet Sunday cares.

There is no spot on earth,
there is none so ador'd
Like the place of my birth
By the magical fjord.
In the clear ev'ning air
There's a beauty so rare
In the mountains, where fancy can dwell.
I remember, I remember that country so well.

When I'm far, far away
There's a tug at my heart,
And I grieve for the day
That I had to depart.
But when spring's in the air
I long most to be there,
And in silence I shed a lone tear.
I remember, I remember the land I hold dear.

THE OLD MOUNTAINS by Ivar Aasen

The good old mountain ridges there
Stay just the same to view,
The same old dips and ledges there,
The same old tops there too.
The villages that range below,
They're spreading out apace;
But, spite of all the change below,
Yon milestones keep their place.

'Tis pleasant-like to steer about
The slopes from side to side
And from the peaks to peer about
Across the world so wide:
Boats on the oceans blue there are
That look like little birds,
And other mountains too there are
With gracing upland herds.

They keep up such a busy-ness,
Those folk there in the town,
It gives one quite a dizziness
To watch them, looking down.
They never leave a thing alone,
They're always in a fit;
But the mountains in their ring alone,
They never fash a bit.

And we may well take pride of them,
The age-old thoughts they bring,
While grass grows on the side of them,
And leaves come every spring.
The winter winds come bellowing,
The angry torrents roar;
But those old codgers, mellowing,
They hold on as before.

The sailor who despairingly
Looks out to search for land,
Can know by them unerringly
He nears his native strand.
'Tis only, when he lacks o'them,
He feels so low and sad,
Aye, aye, the good old backs o'them,
They make a man's heart glad !

OVER THE LOFTY MOUNTAINS
by Bjørnstjerne Bjørnson

Ever I wonder at what's to see
    Over the lofty mountains.
Snow of course on all sides of me,
Pines with their dark green tracery,
    Longing to get in motion;
    When will they dare the notion ?

Boldly the eagle wings his way
    Over the lofty mountains,
Glad in the zest of the new-born day,
Proving his strength in the perilous play,
    Sinks when the mood comes o'er him,
    Scans the dim coasts before him.

Apple tree, you've no urge to fare
    Over the lofty mountains;
Clothing in leaves your branches bare,
Wait you will in the soft June air.
    Birds in your shade are swinging,
    Knowing not what they're singing.

He who has yearned for twenty years
    Over the lofty mountains,
Knowing the while he's never more near,
He feels diminished year after year -
    Harks what the bird is singing,
    You are so jauntily swinging.

Birdie, what is it you come to find
    Over the lofty mountains ?
Better nesting you left behind,
Loftier vantage and scenes more kind.
    Do you but bring the desire,
    Not the wings, to go higher ?

Oh, shall I never, never attain
    Over the lofty mountains ?
Shall their wall so impound my brain,
Something of snow-ice and awe remain
    Barring the way till doom here,
    Stifling me like a tomb here ?

Out, I must out, must go far, far, far
    Over the lofty mountains.
It cramps me, irks me, as here things are.
I am so young; let me seek my star.
    Fiercely my soul is thirsting,
    Here in these walls I'm bursting.

Some day, I know, I shall yet win past
    Over the lofty mountains.
Have You above shut the door there fast ?
But, God, though Your home will be good
        at last,
    Keep the door-leaves a while unparted,
    And let me stay eager-hearted !

OWL POEM III by Arild Nyquist

Hello there, deep in the forest ?
Are you there, deep in the forest ?
Are you hiding, deep in the forest, and don't want to come out ?
Come out then, you who are hiding deep, deep in the
forest and don't
want to come out ?
Come out then, you who are hiding deep,
deep in the forest and don't want to come out.
I really want to meet you, and get to know you,
and talk to you - and then you can meet me,
and talk to me, and get to know me too.
I think it's a pity that you hide there, deep
in the forest, and cannot see me,
and that I stand out here on the road and cannot see you -
for if we cannot see each other, and talk to each other,
maybe we will think mean thoughts about each other -
you think that I am a thief, and I think that you are a thief,
and you think that I am big and mean and strong and want to
        hit you,
and I think that your are big and mean and want to hit me,
and you think that I will spit on you,
and I think that you will spit on me -
and so we stand far, far from each other and think
silly
mean
things about each other.
So I call to you now, I call as loudly as I can:
Come out of the forest then !
... You don't want to, you say ?
You don't dare, you say ?
Do you want me to come to you instead ?
Yes, well, I'll come then.
I'm coming now ...

THE RAINBOW by André Bjerke

What is a rainbow ? It's longing, my friend,
   it is all that we never did get.
In the Flood, even then, there is hope to the end
as long as our longing a rainbow can send
   while our gaze on far heavens we set,
what we keep trying to find, but never can reach,
before us will constantly stand
and be our own bridge to the shimmering beach
of tomorrow's new land –

RECOLLECTIONS by Aasmund O. Vinje

These mountains wake in me the self-same feeling
As those where as a boy I used to dwell;
The cool wind as of old is full of healing,
The same light bathes yon snow-crowned citadel.
Like a lost language from my childhood stealing,
It makes me pensive and yet glad as well.
The early memories rise so thick before me
I scarce can breathe as they come flooding o'er me.

Yes, life again through every vein is streaming
As when through snow I saw green grass arise;
I dream now, as I once was always dreaming
When I saw mountains pierce the azure skies.
I can escape from frenzied strife and scheming,
When the rich sunset spreads its glowing dyes.
I find a home where comfort and repose is,
When such a sea of light the world encloses.

But all is lovelier now than I had feigned me,
More limpidly I see the daylight burn;
And that which cut so sharply that it pained me
Softens the shadows now at eve's return.
What tempted to the misdeeds that have stained me
Makes now the very mountain side less stern.
Old thoughts grow ever kinder with repeating;
'Tis the same heart in me more calmly beating.

Each stone I knew - I find a comrade in it,
For there it was, a boy, I used to play.
And if there was a fight, why, who could win it
Came out more strong for each and every fray.
It all comes back, as minute after minute
The sun behind the snow-crest fades away.
And so at last they cradle me in slumber,
Old shadows and old memories without number.

STAVE CHURCHES by Rolf Jacobsen

I believe in the dark churches,
the ones that still stand like tarred pyres in the woods
and like deep red roses carry a fragrance
from times that perhaps had more love.
Those jet-black towers I believe in: the ones that smell of
   the sun's heat
and old incense burnt in by the centuries.
   Laudate pueri Dominum, laudate nomen Domini.

Axes shaped them all and silver bells rang in them.
Someone carved dreams in and gave them wings so
   they'd wander
out across ages and mountains - which surge up around
   them like breakers.
Now they are ships, with crow's nests turned toward East India,
the Santa Maria, Pinta and Niña when the days grew dark
near the end of the world, years out from Andalusia.
   Laudate pueri Dominum, laudate nomen Domini.

Everywhere dread, now fear takes even Columbus
when mirages lure them on and the wind has the tongues
   of a serpent.
The stars stare down impassively with demented eyes of iron,
every day is evil, there's no hope of being saved, but we
keep sailing, sailing, sailing.
   Laudate pueri Dominum, laudate nomen Domini.

STONE FENCES by Paal-Helge Haugen

it was the stone fences
that bound the world
together

ribs stretching from the river
to the mountain
warm to sit on
in the summer evening

stones wedged in
against each other
with unending patience:
time and strong hands

the hayfields flush against the wall
fully ripe and ready for the scythe
lush pasture against stone:
that was how we began to see
that it is possible
to change the world

the old people cut every last stalk
and cleaned up with their rakes

afterward they rested
leaned on the stone as
against an old friend's back

they are still there
above the stone lines in the landscape
hands
invisible in the air
like the beating of wings
if you dare to come close

these are the stones of toil
this is history's handwriting

SUNSET JOY by Arne Garborg

An elfland looms in the sea afar
With plain and crest;
It hovers above the horizon's bar
In dusk-blue rest.

I've seen it often across the foam
Through sea-mist thin;
It is a lovely, a blessed home,
I ne'er can win.

It slumbers, with jagged peaks arow,
In dream's embrace;
But now and again with sunset's glow
It burns apace.

When day seems naught but fire and blood,
As from a trance
It kindles with the flaming mood
Of high romance.

Its heights with quivering glory shine,
So pround, serene;
The air is rich with the hues of wine,
Silver and green.

But then it dies, the pallid brand,
As embers do;
And calm as before lies the elfin land,
A twilight-blue.

I've often yearned on my weary way
Its pleace to share;
But 'tis only seen at the close of day
In sunset flare.

TO YOU by Rolf Jacobsen

Time moves along (what else would it be up to).
One day you hear it knocking on your door.
It knocked at our place,
but I didn't open up.
Not this time.

You know,
I've often stopped for a bit and watched you,
like in the morning in front of the mirror there
when you comb your hair, it
crackles, like snow in the mountains at Easter
and you bend forward a little (I see it clearly)
- I think that's another wrinkle.
- No it isn't. For me
you are young.
There is sap in you; forest. A tree

with birds in it. They still sing.
Perhaps a bit softly this autumn, but nonetheless.
- Not one day without a laugh in the throat
or the slow touch of a hand.

At some point
I'll have to hold it even tighter,
because, you know, we'll be travelling soon,
and not on the same boat.
Someone has knocked on our door, but gone away again.
Surely this
is the only thing we've never
wanted to talk about.

WE OWN THE FORESTS by Hans Børli

I have never owned a tree.
None of my people
have ever owned a tree –
though my family's life-path winds
over centuries' blue heights
of forest.

Forest in storm,
forest in calm –
forest, forest, forest,
through all the years.

My people
were always a poor people.
Always.
Children of life's
hard, iron-frosted nights.

Strangers own the trees,
and the soil,
     the stone-heaped soil
my fathers cleared
by the light of the moon's lamp.

Strangers
with smooth faces
and pretty hands
and their car always waiting
outside the door.

None of my people
have ever owned a tree.
And yet we own the forests
by our blood's red right.

Rich man,
you with the car and the bankbook
and stock in Borregaard timber company:
you can buy a thousand acres of forest,
and a thousand acres more,
but you can't buy the sunset
or the whisper of the wind
or the joy of walking homeward
when the heather blooms along the path –
No, *we* own the forests,
the way a child owns its mother.

WHEN GOD HELD A CELEBRATION IN FJALER
by Jakob Sande

Then everything seemed re-created, awareness began to unfold
I was like John at Patmos, the Bible's Patmos of old.
Colours and shapes were shifting on the beaches and heavenly
     dome,
that which was known, was unknown, and that which was
     unknown, known.

I will not forget the evening, it was an August evening,
For the people of Fjaler parish, our Lord held a celebration

WHITE ANEMONE by Hans Børli

Flower, why do you flower ?
Why do you spread
your white innocence
over moss and rotting twigs
deep within our desolate land ?

No one sees you,
no one knows that you are alive –
only the summer wind walks by.
Then you nod thoughtfully,
as if you agree with yourself.

And when night lets day out
through the sun-gate in the west,
you close your petals
quietly
over your white secret.

Oh, if only people could
read your silent message !
People who swear
by peace
with their hand on their sword.

Henvisning

DIKTER / DIKT	PUBLISERT	OVERSETTER
Aukrust, Olav		
Ei naki grein	”Himmelvarden” 1916, Alb Cammermeyers forlag	Fritz Koenig, Micromegas
Bjerke, André		
Regnbuen	”Regnbuen” 1946, Aschehoug	Margaret Forbes
Bjørnson, Bjørnstjerne		
Over de høye Fjelle	”Arne” 1859, H.J. Geelmuydens Enke	
Blix, Elias		
Barndomsminne frå Nordland	”Fakkeltog til Den norske forfatterforening”	Christopher Norman, Norway Sings 1968
		©Norsk Musikforlag A/S Oslo.
		Trykket med tillatelse
Bruheim, Jan Magnus		
Ikkje med det eg seier	”Lyrespelaren” 1977, Noregs Boklag	Margaret Forbes
Som ørn svingar	”Innover viddene” 1968, Noregs Boklag	Margaret Forbes
Børli, Hans		
Det finnes	”Dagene” 1958, Aschehoug	Louis Muinzer
Dompap	”På harmonikk” 1991, Aschehoug	Louis Muinzer
Har du lyttet til elvene om natta ?	”Dagene” 1958, Aschehoug	Louis Muinzer
Hymne til solnedgangen	”Siste dikt” 1991, Aschehoug	Louis Muinzer
Jeg liker uvær	”Men støtt kom nye vårer” 1949, Aschehoug	Louis Muinzer
Jonsoknatt	”I Glåmdalen, 23.06.47”	Louis Muinzer
Junikveld	”Dagene” 1958, Aschehoug	Louis Muinzer
Kvitveis	”Likevel må du leve” 1952, Aschehoug	Louis Muinzer
Minnene	”Vindharpe” 1974, Aschehoug	Louis Muinzer
Myrulla på Lomtjernmyrene	”Jeg ville fange en fugl” 1960, Aschehoug	Louis Muinzer
Rapport fra grasrota	”Når kvelden står rød over Hesteknatten” 1979, Asc.	Louis Muinzer
Vi eier skogene	”Likevel må du leve” 1952, Aschehoug	Louis Muinzer
Eggen, Arnljot		
Rapport frå ei norsk fjellbygd	”Knaben-ballader og andre tekster” 1974	Margaret Forbes
		Det Norske Samlaget
Falkeid, Kolbein		
Det er langt mellom venner	”Opp- og utbrud” 1978, Cappelen	Margaret Forbes
Garborg, Arne		
Mot Soleglad	”Haugtussa” 1895, Aschehoug	Charles Wharton Stork
Ved Gjetlebekken	”Haugtussa” 1895, Aschehoug	Ukjent oversetter. Tatt fra ”Das Kind der Berge”
		Leipzig: C.F. Peters 1910
Grieg, Nordahl		
Morgen over Finnmarksvidden	”Norge i våre hjerter” 1929, Gyldendal	Margaret Forbes
Hagerup, Inger		
Løvetannen	”Hulter til bulter”1979, Aschehoug	Margaret Forbes
Hamsun, Knut		
Skjærgaardsø	”Det vilde Kor” 1904, Gyldendal	Margaret Forbes
Hanssen, Arvid		
Åleina	”Godt at gråmåsen song” 1978, Cappelen	Margaret Forbes
Hauge, Olav Håkonson		
Det er den draumen	”Dropar i Austavind” 1966, Noregs Boklag	Robin Fulton*
Din veg	”Under bergfallet” 1951, Noregs Boklag	Robin Fulton*
Fjellblokka kallar dei meg òg	”Glør i oska” 1946, Noregs Boklag	Margaret Forbes
I dag såg eg	”Dropar i austavind” 1966, Noregs Boklag	Robin Fulton*
Stabbesteinar	”Dropar i austavind” 1966, Noregs Boklag	Margaret Forbes
Syn oss åkeren din	”Seint rodnar skog i djuvet” 1956, Noregs Boklag	Margaret Forbes
Under bergfallet	”Under bergfallet” 1951, Noregs Boklag	Robin Fulton*

*Fire dikt fra ”Don´t Give Me The Whole Truth” oversatt av R. Fulton og James Greene med Siv Hennum, Anvil Press Poetry 1985

Haugen, Paal-Helge		
Steingjerde	”Steingjerde” 1979, Det norske Samlaget	Roger Greenwald ”Stone fences”
		University of Missouri Press
Hovden, Anders		
Handi hans far	”Hardhausar” 1898, Alb. Cammermeyers forlag	Margaret Forbes

Jacobsen, Rolf

Anderledeslandet	"Nattåpent" 1985, Gyldendal	Margaret Forbes
Bre	"Jord og jern" 1933, Gyldendal	Margaret Forbes
Mai måne	"Sommeren i gresset" 1956, Gyldendal	Margaret Forbes
Mere fjell	"Tenk på noe annet" 1979, Gyldendal	Roger Greenwald**
Mitt tre	"Fjerntog" 1951, Gyldendal	Roger Greenwald**
Neste gang vil jeg være et tre	"Tenk på noe annet" 1979, Gyldendal	Margaret Forbes
Nordishav	"Fjerntog" 1951, Gyldendal	Margaret Forbes
Osp (Nr. III av "Fem miniatyrer")	"Tenk på noe annet" 1979, Gyldendal	Margaret Forbes
Sorry	"Tenk på noe annet" 1979, Gyldendal	Margaret Forbes
Stavkirker	"Hemmelig liv" 1954, Gyldendal	Roger Greenwald**
Til deg	"Tenk på noe annet" 1979, Gyldendal	Roger Greenwald**
Til Jorden	"Pusteøvelse" 1975, Gyldendal	Margaret Forbes
**Fire dikt fra "The Silence Afterwards", Princeton University Press 1985		

Lid, Dagny Tande

Blåveisskogen	"Guds fotspor"1982, Aschehoug	Margaret Forbes
Høstens glede	"Høstens blader" 1978, Aschehoug	Margaret Forbes
Skulle ønske jeg var ekorn	"Tråder i en vev" 1980, Aschehoug	Margaret Forbes

Lygre, Aslaug Låstad

Vi skal ikkje sova	"Eld av steinar" 1948, Gyldendal	Margaret Forbes

Mehren, Stein

Blått	"Evighet, vårt flyktigste stoff" 1994, Aschehoug	Margaret Forbes
Den første frostnatten	"Evighet, vårt flyktigste stoff" 1994, Aschehoug	Margaret Forbes
Grågjess	"Evighet, vårt flyktigste stoff" 1994, Aschehoug	Margaret Forbes

Nesse, Åse-Marie

Eg tenner eit fyrlys	"Eg tenner eit fyrlys" 1983, Samlaget	Michael Evans
Tileigning (Til mi barndomsbygd)	Klepp Rådhus 27. mai 1987 (Primstav 1998)	Margaret Forbes

Nyquist, Arild

Ensomhet	"Kelner" 1979, Aschehoug	Margaret Forbes
Ugledikt III	"Eventyrhagen"1979, Aschehoug	Margaret Forbes

Sande, Jakob

Då Gud held fest i Fjaler	"Sirius" 1955, Gyldendal	Margaret Forbes

Skjæraasen, Einar

August	"Den underlige våren" 1941, Aschehoug	Margaret Forbes
Du ska itte trø i graset	"Bumerke"1966, Aschehoug	Margaret Forbes
Onga våre	"Skritt forbi min dør" 1938, Tiden	Margaret Forbes

Sverdrup, Harald

Blåklokke	"Lysets øyeblikk" 1985, Aschehoug	Louis Muinzer
Fossekall	"Grønn kalender" 1974, Aschehoug	Louis Muinzer
Golfstrømmen	"Fredløse ord" 1971, Aschehoug	Louis Muinzer
Hare	"Grønn kalender" 1974, Aschehoug	Louis Muinzer
Møte med en elg	"Gamle Louis og andre dikt" 1976, Aschehoug	Louis Muinzer

Utsi, Paulus

Så lenge	"Giela giela" 1975, Almqvist & Wiksell	Margaret Forbes

Vaalkeapää, Nils-Aslak

Heimen min er i hjertet mitt	"Ruoktu váimmus", 1985 DAT	Til norsk: Laila Stien Til engelsk: Harald Gaski Ralph Salisbury og Lars Nordström

Vesaas, Haldis Moren

Fivreld	"Harpe og dolk" 1929, Aschehoug	Margaret Forbes
Ord over grind	"I ein annan skog" 1955, Aschehoug	©1989: Ron Wakefield, Haldis M. Vesaas, Olav Thompson. Kilde: "Haldis Moren Vesaas", White Pine Press, Buffalo New York 1989. Trykket med tillatelse.

Vinje, Aasmund O.

Ved Rondane	"Ferdaminne" 1861, Samlaget	Charles Wharton Stork

Wildenvey, Herman

Konval	"Campanula" 1902, L.E. Tvedtes forlag	Margaret Forbes

Øverland, Arnulf

De hundrede fioliner	"Den ensomme fest" 1924, Aschehoug	Margaret Forbes

Aasen, Ivar

Dei gamle fjelli	"Symra" 1863, Mallings Forlagsboghandel	Charles Wharton Stork
Gamle grendi	"Symra" 1863, Mallings Forlagsboghandel	Margaret Forbes
Nordmannen	"Symra" 1863, Mallings Forlagsboghandel	R.B. Anderson. Kilde: Norway Songs ©Norsk Musikforlag A/S Oslo Trykket med tillatelse

Fotografer

Birger Areklett / Samfoto
"Syn oss åkeren din" Olav H. Hauge

Aune Forlag / Kolbjørn Dekkerhus
"Over de høye Fjelle" Bjørnstjerne Bjørnson

Aune Forlag / Ole P. Rørvik
"Anderledeslandet" Rolf Jacobsen
"August" Einar Skjæraasen
"Dei gamle fjelli" Ivar Aasen
"Golfstrømmen" Harald Sverdrup
"I dag såg eg", Olav H. Hauge
"Nordmannen" Ivar Aasen
"Rapport frå ei norsk fjellbygd" Arnljot Eggen
"Skjærgaardsø" Knut Hamsun
"Stavkirker" Rolf Jacobsen
"Så lenge" Paulus Utsi
"Til Jorden" Rolf Jacobsen
"Vi eier skogene" Hans Børli

Hans Hvide Bang / Samfoto
"Morgen over Finnmarksvidden" Nordahl Grieg

Ove Bergersen / BioFoto
"Fivreld" Haldis Moren Vesaas

Bjarne Berre
"Fjellblokka kallar dei meg òg" Olav H. Hauge

Espen Bratlie
"Det er den draumen" Olav H. Hauge

Inge Bruland
"Blåklokke" Harald Sverdrup
"Din veg" Olav H. Hauge
"Då Gud held fest i Fjaler" Jakob Sande
"Gamle grendi" Ivar Aasen
"Tileigning" Åse-Marie Nesse
"Under bergfallet" Olav Håkonson Hauge

Jørn Bøhmer-Olsen
"Jeg liker uvær" Hans Børli

Jørn Bøhmer-Olsen og Rolf Sørensen / Samfoto
"Osp" (Nr. III av "Fem miniatyrer") , Rolf Jacobsen
"Blått" Stein Mehren

Camera / Rolf Støa
"Regnbuen" André Bjerke

Camera / Ole K. Vinje
"Onga våre" Einar Skjæraasen

Jan Arve Dale / Samfoto
"Ensomhet" Arild Nyquist
"Jonsoknatt" Hans Børli

Helge Eek / Samfoto
"Blåveisskogen" Dagny Tande Lid

Per Eide / Samfoto
"Handi hans far" Anders Hovden

Per M. Falk
"Grågjess" Stein Mehren

Pål Hermansen / Samfoto
"Den første frostnatten" Stein Mehren
"Eg tenner eit fyrlys" Åse-Marie Nesse
"Neste gang vil jeg være et tre" Rolf Jacobsen
"Skulle ønske jeg var ekorn" Dagny Tande Lid
"Ugledikt III" Arild Nyquist

Jon Østeng Hov
"Du ska itte trø i graset" Einar Skjæraasen

Husmo Foto / Kristian Hilsen
"Det er langt mellom venner" Kolbein Falkeid
"Åleina" Arvid Hanssen

Erlend Haarberg
"Hare" Harald Sverdrup
"Møte med en elg" Harald Sverdrup

Steinar Johansen
"Har du lyttet til elvene om natta ?" Hans Børli

Sigmund Krøvel-Velle
"Sorry" Rolf Jacobsen

Bård Løken / Samfoto
"Ved Rondane" Aasmund O. Vinje

Torbjørn Moen
"Høstens glede" Dagny Tande Lid
"Junikveld" Hans Børli
"Konval" Herman Wildenvey
"Ord over grind" Haldis Moren Vesaas
"Stabbesteinar" Olav H. Hauge
"Steingjerde" Paal-Helge Haugen
"Ved Gjetlebekken" Arne Garborg

Ragnar Ness
"Det finnes" Hans Børli

Gisle Noel
"Rapport fra grasrota" Hans Børli

Guttorm Næss
"Hymne til solnedgangen, Hans Børli
"Kvitveis" Hans Børli

Bjørn Erik Olsen
"De hundrede fioliner" Arnulf Øverland
"Som ørn svingar" Jan Magnus Bruheim

Jørn Areklett Omre / Samfoto
"Ikkje med det eg seier" Jan Magnus Bruheim

Jan Rabben / Samfoto
"Mitt tre" Rolf Jacobsen

Leif Rustand / Samfoto
"Til deg" Rolf Jacobsen
"Vi skal ikkje sova" Aslaug Låstad Lygre
"Nordishav" Rolf Jacobsen

Ola Røe / Røe Foto
"Heimen min er i hjertet mitt" Nils A. Vaalkeapää

Helge Sunde
"Ei naki grein" Olav Aukrust

Helge Sunde / Samfoto
"Bre" Rolf Jacobsen

Jon Arne Sæter / Samfoto
Mere fjell, Rolf Jacobsen

Lars Søberg
"Myrulla på Lomtjernmyrene" Hans Børli

Øystein Søbye / Samfoto
"Løvetannen" Inger Hagerup
"Minnene" Hans Børli

Rolf Sørensen
"Mot Soleglad" Arne Garborg

Stig Tronvold / Samfoto
"Barndomsminne frå Nordland" Elias Blix
"Fossekall" Harald Sverdrup
"Mai måne" Rolf Jacobsen

Thor Østbye
"Dompap" Hans Børli

Layout: Aune Forlag AS
Repro og trykk: Bryne Offset AS
Copyright © Aune Forlag AS, Trondheim
www.aune-forlag.no
ISBN 82-90633-63-7
ART. NR. 2719